Fuchsien

David Clark

Augustus

Titel der Originalausgabe:
FUCHSIA:
A HAMLYN CARE MANUAL
Hamlyn, Octopus
Publishing Group Ltd
2-4 Heron Quays, Docklands,
London E 14 4JP.

Die Deutsche Bibliothek -
CIP-Einheitsaufnahme

Clark, David:
Fuchsien : Kultur und Pflege ;
Vermehrung und Hybridisierung ;
die schönsten Sorten / David Clark.
[Übers. von Feryal Kanbay]. -
München : Augustus-Verl., 2000
Einheitssacht.: Fuchsia <dt.>
ISBN 3-8043-7173-6

Augustus Verlag München 2000

Umschlaggestaltung:
Vera Faßbender, Augustus Verlag
Umschlagfotos: Peter Myers

Übersetzung: Feryal Kanbay
Redaktion und Satz der
deutschen Ausgabe:
Agents–Producers–Editors,
Overath

Reproduktion: Toppan, China
Gedruckt auf umweltfreundlich
chlorfrei gebleichtem Papier
Printed in China

ISBN 3-8043-7173-6

Inhalt

Einleitung

Auch wenn mein Name auf der Titelseite dieses Werkes steht, möchte ich es nicht unbedingt als mein Buch bezeichnen. Es entstand in den letzten 30 Jahren, in den ich Fuchsien züchte, praktisch von allein. Dieses Buch enthält zwar vieles von meinem Wissen, das ich mir in dieser Zeit aneignen konnte, aber es handelt sich hier natürlich in erster Linie um einen Auszug aus meinen Erfahrungen, die durch die zahlreicher anderer Fuchsienzüchter ergänzt wurden. In den ersten 16 Jahren meines Berufslebens war ich in einem großen Forschungsinstitut tätig, in dem neue pflanzliche, medizinische und kosmetische Produkte untersucht wurden. Mein Beitrag zur Züchtung von Fuchsien bezieht sich eher auf den wissenschaftlichen Aspekt als auf die geheimnisvolle Schwarze Kunst, die diese Blumen manchmal zu umgeben scheint.

Dank der Zusammenkünfte mit anderen Züchtern beispielsweise bei verschiedenen Pflanzenschauen oder in meiner Pflanzschule kenne ich deren Probleme nur allzu gut. Ich weiß ebenfalls, dass auch die vier Bücher über Fuchsien, die ich bereits früher verfaßt habe, nicht alle diese Fragen beantworten konnten. Ich hoffe, die fehlenden Informationen werden in diesem neuen Buch angesprochen und tragen zur Lösung mancher Probleme bei.

In den letzten 50 Jahren hat sich in der Fuchsienzüchtung nur wenig geändert, und in mancher Hinsicht wurden Fortschritte verhindert oder gar Rückschritte gemacht. Heute können wir die Zeit nicht mehr erübrigen, um solch herrliche Exemplare zu kultivieren, die man zu Beginn des 20. Jahrhunderts in vielen Blumenausstellungen bewundern konnte.

Aber wir haben jetzt neue und wunderschöne Sorten, die auch die Züchter der frühen Jahre sicherlich begeistern würden. Auch wissen wir heute über Pflanzenernährung sehr viel mehr als die Gärtner damals.

Jedes Jahr werden weltweit Hunderte von neuen Fuchsiensorten eingeführt. Nur wenige von ihnen bringen wirkliche Verbesserungen, und die meisten verschwinden bald wieder von den Listen der Züchter. Es gibt aber einige sehr gute neue Sorten, die wahrscheinlich verschwinden werden, da sie unserem heutigen Geschmack nicht mehr entsprechen. Einfach blühende Fuchsien, zum Beispiel solche mit einer Krone aus nur vier Blütenblättern, sind gewöhnlich hervorragende Ausstellungspflanzen, denn sie blühen außergewöhnlich reich. Doch leider bilden Aussteller und Fuchsienliebhaber, die den Fuchsien-Gesellschaften angehören, eine Minderheit. Die Mehrheit der Züchter bevorzugen gefüllte Sorten; je größer die Blüten, desto besser, und die Blütengröße wird als ein Qualitätsmerkmal angesehen. Ich kritisiere diese Vorliebe nicht, da auch ich die großblütigen Sorten mag. Ich wünschte nur, dass die herrlichen einfachen Fuchsien, die so zahlreiche Blüten hervorbringen, von mehr Pflanzenliebhabern geschätzt würden, als es gegenwärtig der Fall ist. In der Fuchsienzüchtung sind einige Fortschritte erzielt worden. In die heutige Generation von Züchtern werden große Hoffnungen gesetzt, doch auch die von morgen werden unsere Errungenschaften zu schätzen wissen, genauso wie wir das Werk all unserer Vorgänger bewundern.

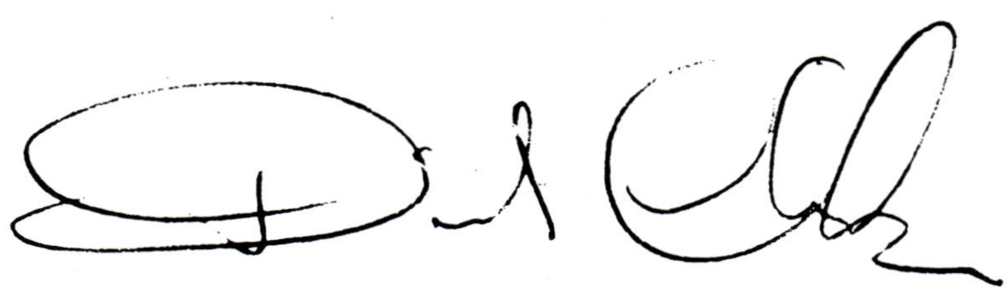

David Clark

Geschichte, Botanik und Nomenklatur

Die Kulturgeschichte der Fuchsien in der westlichen Welt reicht bis in die Zeit der Entdeckung Amerikas zurück, wo die meisten Fuchsienarten erstmals gefunden wurden. Zwar dauerte es dann noch einige Zeit, bis Pflanzenliebhaber die Schönheit der Fuchsien wirklich schätzen lernten, doch dann breitete sich das Interesse an diesen Blumen geradezu explosionsartig über die ganze Welt aus.

Für die Beliebtheit der Fuchsien gibt es unterschiedliche Gründe. Manche sind von der Form der ballerinenhaften Blüten fasziniert, während andere die einfache Vermehrung oder die große Blühfreudigkeit schätzen. Was auch immer es sein mag – Millionen von Gärtnern kultivieren Fuchsien in ihren Gewächshäusern oder Gärten.

Rechts: 'Stella Ann', eine typische Vertreterin der Triphylla-Gruppe, die dadurch charakterisiert wird, dass die Blüten in Trauben am Zweigende hängen.

Vor allem auf Gartenliebhaber im Norden üben Fuchsien eine große Anziehungskraft aus, was sich vielleicht dadurch erklären lässt, dass diese Pflanzen zu den wenigen blühenden Sträuchern gehören, die in einem verregneten Sommer besser gedeihen als in einem zu trockenen. Falls die Theorie der Wissenschaftler von der globalen swErwärmung zutreffen sollte, könnte sich dies allerdings ändern.

Geschichte

Die Kulturgeschichte der Fuchsien reicht bis ins 17. Jahrhundert zurück, als der französische Forschungsreisende und Missionar Pater Charles Plumier eine Fuchsienart auf einer Pflanzenexkursion entdeckte. Er benannte sie nach Leonhardt Fuchs (1501–1566), der an der Universität von Tübingen Medizin lehrte.

Plumier, der 1646 in Marseille geboren wurde, war wie seinem Vater eine Laufbahn als Graveur bestimmt, er wurde aber katholischer Kleriker. In Rom begann er sich dann für Botanik zu interessieren, besonders für die Heilwirkung von Pflanzen. Später kehrte er nach Frankreich zurück und studierte an der Universität von Aix-en-Provence Botanik.

Ende des 17. Jahrhunderts unternahm Plumier mindestens drei Reisen nach Westindien sowie zu mehreren französischen Kolonien in der Neuen Welt. Auf einer dieser Reisen erlitt er Schiffbruch, und alle Pflanzen an Bord versanken. Darunter befand sich wahrscheinlich auch die erste Fuchsie. Plumier beschrieb diese Art anhand seiner Aufzeichnungen, die mit einem anderen Schiff nach Frankreich geschickt und sicher angekommen waren, und nannte die Pflanze *Fuchsia triphylla florecoccinea.* Diese Aufzeichnungen, die Plumier in seinem Buch »Nova Plantarum Americanum Genera« (Die neuen Pflanzen aus Amerika)1703 veröffentlichte, waren nicht sehr detailliert, doch ermöglichten sie zumindest dem schwedischen Naturforscher und Botaniker Carl von Linné, die Gattung *Fuchsia* in seinem Werk »Species Plantarum« (1753) zusammenzustellen. Ein Schüler Plumiers brachte dann eine vollständige und genaue Beschreibung dieser Pflanze heraus, die als *Fuchsia triphylla* bekannt wurde.

Erstaunlicherweise kam innerhalb von 170 Jahren kein einziges Exemplar dieser Fuchsie nach Europa. Die Botaniker begannen schon daran zu zweifeln, ob diese Pflanze überhaupt existierte. Erst im Jahre 1872 sammelte ein Amerikaner, der in Westindien arbeitete, die Samen einer Pflanze, die er in der Nähe von Santo Domingo entdeckt hatte und die sich als *Fuchsia triphylla* entpuppte.

Rechte Seite: Der deutsche Botaniker und Arzt Leonhardt Fuchs (1501–1566), nach dem die Gattung Fuchsia benannt wurde.

Die erste Pflanze, die nach England gelangte – nachdem andere Fuchsienarten bereits entdeckt worden waren – war eine Wildart aus Brasilien mit dem Namen *Fuchsia coccinea.* Im Jahr 1788 schenkte ein Kapitän Firth sie den Kew Gardens in London. Im gleichen Jahr gelang es dem Züchter James Lee, diese Pflanze zu erwerben und genügend Exemplare zu vermehren, um sie 1793 zum Verkauf anzubieten. Da die Pflanze sehr beliebt war, unterstützten andere Pflanzschulen Forschungsreisen, um neue Arten zu finden. Während dieser Reisen wurden die Fuchsienarten *F. magellanica, F. fulgens, F. arborescens* sowie *F. lycoides* entdeckt.

Weitere Arten stammen aus Süd- und Mittelamerika, Tahiti und Neuseeland, wo man fossile Pollen von Fuchsien mit einem geschätzten Alter von 30 Millionen Jahren fand. Ungeachtet dieser Funde gilt heute Mittelamerika als Heimat der Fuchsie.

Gregor Mendel, der durch die Entdeckung der Vererbungsgesetze anhand von Erbsen berühmt wurde, zählte die Fuchsie zu seinen Lieblingsblumen. Als er 1868 Abt wurde, wählte er eine Fuchsienblüte für sein Wappen aus.

Botanisch ist die Fuchsie eine der 21 Gattungen der Pflanzenfamilie Onagraceae (Nachtkerzengewächse). Die Gattung Fuchsia umfasst etwa 100 Arten und ist in mehrere Untergruppen eingeteilt. Genauere Angaben darüber kann man in botanischen Fachbüchern finden. Zu dieser Gattung gehören die unterschiedlichsten Arten wie *F. procumbens,* die gerade einige Zentimeter hoch wird, aber auch *F. excorticata,* die zu einem Baum von fast 9 m Höhe wachsen kann.

Die Mehrzahl der Arten bilden Sträucher und sind an kühlen Gebirgshängen mit viel Regen oder aber in dichten Wäldern und Urwäldern beheimatet. *F. tunariensis* ist eine untypische Art, denn sie wächst als Epiphyt auf Baumzweigen oder an Felsen und hat knollige Wurzeln. Zwar finden die Fuchsien hauptsächlich als Zierpflanzen Verwendung, doch das Laub und die Rinde der *F. magellanica* sollen heilende Eigenschaften besitzen. Die blauen Pollen von *F. excorticata* und *F. procumbens* werden zudem von den Maori-Frauen für Gesichtsbemalungen verwendet.

Inuida multorum te exercuit vſque Voluntas,
Vera tuis creuit ſed Medicina ſcholis.
Herbas in primis noras, κὴ φάρμακα πάσϛῶν,
Contrahere artifici ſenſáque lata modo.

Erste Züchtungen

Die ersten Züchtungsversuche wurden zu Beginn des 19. Jahrhunderts unternommen, aber es gibt kaum Aufzeichnungen darüber. 1840 zog ein Gärtner in Südengland zufällig einen Sämling, der eine weiße Kelchröhre und weiße Kelchblätter sowie eine purpurblaue Krone hatte. Die weiße Röhre – die Farbe war völlig neu – bedeutete eine Sensation; unter dem Namen 'Venus Victrix' kam die Neuheit in den Handel. Man nimmt an, dass die Großzahl der Hybriden, die heute wachsen und eine weiße Kelchröhre besitzen, diese Pflanze als Vorfahre haben.

Wie es scheint, entstand dieser Sämling zufällig und war nicht das Ergebnis gezielter Züchtungsversuche. Doch die Pflanze selbst hat ansonsten nicht viel zu bieten, da sie etwas wuchert und schwachwüchsig ist. Dies ist einer der zahlreichen Fälle in der Geschichte der Fuchsien, wo der Zufall bei ihrer Entwicklung eine große Rolle spielt.

Rechts: Der französische Fuchsienzüchter Emile Lemoine, der mehr als 400 Sorten schuf.

Unten: Der englische Züchter James Lye mit einer Auswahl seiner preisgekrönten Fuchsien.

Die erste gefüllt blühende Fuchsie wurde 1850 von Story, einem Züchter aus Südwestengland, gezogen. Er war auch derjenige, der die erste Sorte mit einer gestreiften Krone züchtete, die heute aber offensichtlich nicht mehr existiert. Zu jener Zeit wurden Fuchsien bereits in ganz Europa gezüchtet, besonders in Frankreich, Deutschland und Belgien.

Um die Jahrhundertwende führte der französische Züchter Lemoine mehr als 400 Sorten ein, wovon einige, wie 'Monsieur Thibaut' und 'Abbé Farges', noch immer sehr gefragt sind. Eine weitere bedeutende Sorte war 'Bon Accorde' von Crousse aus dem Jahre 1861 – die erste Fuchsie mit aufrechten Blüten. Der belgische Züchter Cornelissen brachte 'Madame Cornelissen' heraus, eine weit verbreitete winterharte Sorte mit rot-weißen Blüten.

In England erreichten Fuchsien den Höhepunkt ihrer Popularität in der

KNOTEN
FRUCHTKNOTEN
KELCHRÖHRE
KELCHBLÄTTER
KRONE
STAUBFÄDEN
STAUBBEUTEL
NARBE

'Swingtime' wurde von Horace Tiret aus San Francisco gezüchtet (1950). Sie zählt immer noch zu den unerreichten Lieblingen und soll aus einer Kreuzung zwischen 'Titanic' (Reiter, 1946) und 'Yuletide' (Tiret, 1948) hervorgegangen sein.

zweiten Hälfte des 19. Jahrhunderts. Der Landadel verfügte über ausreichend Wohlstand und Zeit, um sich den Bau von beheizbaren Gewächshäusern und Wintergärten zu leisten. In der Viktorianischen Zeit wurden Fuchsien oft als Schnittblumen verwendet. In den zu jener Zeit beliebten mehrstufigen Blumengefäßen und Tafelaufsätzen sahen die sich anmutig herabbiegenden Zweige sehr dekorativ aus.

Der Adel konnte es sich ebenfalls leisten, Gärtner zu beschäftigen, die diesen Pflanzen die phantastischsten Formen gaben. Der berühmteste Gärtner war James Lye. Er zog zahlreiche Sorten wie 'Lyes Unique', die eine weiße Kelchröhre und weiße Kelchblätter sowie eine blass orangefarbene Krone besitzt. Auch George Bright, sein Schwiegersohn, war ein hervorragender Züchter. Innerhalb von wenigen Jahren stellte Bright Exemplare aus, von denen behauptet wurde, sie seien noch besser als die von Lye. Bright entwickelte auch die Sorte 'Coachman', die noch heute als eine der besten orangefarbenen Hybriden gilt.

Ein produktiver Züchter war auch Edward Banks, der in der Nähe von Deal in Südengland lebte. In den Jahren 1852–1886 führte er zahlreiche schöne neue Pflanzen ein. Sein Tod zu Beginn des 20. Jahrhunderts fiel ungefähr mit dem Abklingen des Interesses an Fuchsien in Großbritannien zusammen. Die Britische Fuchsien-Gesellschaft wählte die von ihm entwickelte Sorte 'Forget-Me-Not' als Emblem.

Parallel zur Entwicklung in England gab es auch in Deutschland zahlreiche Gärtner, die sich mit Fuchsien beschäftigten. Bereits 1848 wurden diese Pflanzen im »Deutschen Magazin für Garten und Blumenkunde« ausführlich beschrieben. Einer der ersten Fuchsienzüchter war Gottlob Pfitzer, dessen Nachkommen heute noch viele Pflanzenneuheiten auf den Markt bringen. Gegen Ende des 19. Jahrhunderts erreichte die Beliebtheit der Fuchsien ihren Höhepunkt. Carl Bonstedt (1866–1953), Leiter des Botanischen Gartens in Göttingen, führte seine Triphylla-Hybriden, auch traubenblütige Fuchsien genannt, ein. In kurzer Zeit entstanden Neuheiten wie 'Mary', 'Koralle', 'Traudchen Bonstedt' und 'Gartenmeister Bonstedt', die man heute noch als Beetbepflanzungen in Parkanlagen bewundern kann. Zu den bedeutenden deutschen Fuchsienzüchtern zählen auch Friedrich Rehnelt, der 1901 die Sorte 'Andenken an Heinrich Henkel' einführte, sowie Hartenauer, Garteninspektor in der Werksgärtnerei von Bayer in Leverkusen, der 1928 seine bekannte Sorte 'Leverkusen' aus der Triphylla-Gruppe herausbrachte.

Mit Beginn des Ersten Weltkriegs nahm die Beliebtheit der Fuchsien ab, da die Gewächshäuser nun zur Anzucht von Essbarem benötigt wurden. Auch nach dem Krieg war das Interesse an Fuchsien in Europa aufgrund der schwierigen wirtschaftlichen Lage sehr gering.

So gingen die ersten neuen Impulse von den USA, genauer von Kalifornien aus. 1929 wurde dort die Amerikanische Fuchsien-Gesellschaft gegründet. Kurz nach der Gründung reisten einige Mitglieder der Gesellschaft nach Europa, um dort Sorten auszuwählen und sie in die USA mitzunehmen. Die Pflanzen wurden dort gekreuzt, um verschiedene Formen in einer Reihe von neuen Pastelltönen zu kreieren. So züchtete H. M. Tiret aus San Francisco große Klassiker wie 'Jack Shahan', 'Swingtime' und 'Leonora'. Ein anderer amerikanischer Züchter, Victor Reiter, führte die winterharte Sorte 'Jeane' ein.

In jüngerer Zeit schuf Edward Paskesen – zur Erinnerung an das zweihundertjährige Jubiläum der USA – 'Bicentennial', eine gefüllt blühende Sorte in Orange und Purpur.

In Deutschland nahm das Interesse an Fuchsien erst in den 60er Jahren wieder zu. Die Firma Töpperwein führte die neuen amerikanischen Sorten ein und brachte sie in die Gärtnereien. 1974 schlossen sich die deutschen Fuchsienliebhaber der Deutschen Dahlien- und Gladiolen-Gesellschaft an, die den Fuchsien zu neuer Popularität verhalf. Die ersten Fuchsienausstellungen fanden 1978 in Bad Neuenahr und 1979 auf der Bundesgartenschau in Bonn statt. 1981 wurde die Deutsche Fuchsien-Gesellschaft gegründet. Vor allem die regelmäßig stattfindenden Ausstellungen fördern die Verbreitung der Fuchsien und tragen zur wachsenden Popularität dieser schönen Pflanzen bei.

'Jeane', oft 'Genie' oder 'Genii' geschrieben, ist eine winterharte Züchtung von Reiter (1951). Für eine Sorte, die dekoratives zitronengelbes Laub besitzt, bringt sie sehr zahlreich Blüten hervor.

Namensgebung

1976 wurde die Amerikanische Fuchsien-Gesellschaft von der Internationalen Gesellschaft für Gartenbauwissenschaft zur internationalen Autorität für Registrierung und Nomenklatur von Fuchsien ernannt. Jede registrierte neue Sorte wird beschrieben, erhält eine offizielle Nummer, und der vorgeschlagene Name wird überprüft, ob er schon existiert. Diese Registrierung geschieht freiwillig, daher kommen Namenswiederholungen immer noch vor. Als Beispiel sei 'Powder Puff' genannt, eine Züchtung von Hodges in den USA (1953) bzw. eine winterharte Sorte von Tabraham in Großbritannien (1976).

Von den weltweit unzähligen Züchtern gibt es ebenso viele Amateure wie Berufsgärtner. Die größten Aktivitäten findet man hierbei in den USA, in Großbritannien sowie den Niederlanden. Wieviele Fuchsiensorten benannt wurden, weiß man nicht, doch müssten es über 7000 sein. Da es nur eine verhältnismäßig geringe Zahl von deutlich verschiedenen Farbkombinationen und Formen geben kann, existieren sehr viele Sorten mehrfach. Manche von ihnen sehen sich so ähnlich, dass es beinahe unmöglich ist, sie voneinander zu unterscheiden. Im Grunde genommen ähneln alle neuen Sorten bereits existierenden Fuchsien. Dementsprechend gibt es mehr Namen als deutlich unterscheidbare Hybride. Vergleichen Sie nur die rosa-weißen Blüten von 'Cotton Candy' und 'Torville and Dean'. Die neueren Sorten sind zudem oft schwächer als bereits existierende.

Da die Konkurrenz ständig auf der Suche nach Neuem ist, lastet auf den Züchtern der Druck, jedes Jahr etwas anderes auf den Markt bringen zu müssen, und sei es nur ein Name! Diese Situation wird leider durch die Amateurzüchter noch verschärft, da sie meinen, ihre Pflanze mit den rot-purpurnen Blüten sei viel besser als die tausend, die bereits existieren.

Doch es gibt noch einige Ziele, die angestrebt werden sollten – die Blütengröße winterharter Fuchsien könnte verbessert werden, und wir sind noch immer auf der Suche nach einer blauen Blüte, die nicht verblasst. Vielleicht wird es uns auch bald gelingen, eine Fuchsie mit rein gelben Blüten zu züchten.

Kultur

Viele der Empfehlungen in diesem Kapitel beziehen sich auf Fuchsien, die im Gewächshaus kultiviert werden – hier braucht man die Temperatur und die Feuchtigkeit nicht nachzuprüfen –, aber, wenn möglich, auch auf Sorten für draußen. Die Themen Temperatur, Lichtverhältnisse und Feuchtigkeit werden zwar gesondert behandelt, stehen aber in enger Beziehung zueinander.

Rechts: 'Kegworth Carnival' wurde 1978 von H. Smith aus Kegworth (Derbyshire, England) gezüchtet. Die Blütenfarbe hat eine sehr starke Ähnlichkeit mit der der einfachen Blüten der 'Duchess of Albany', die 1891 von Rundle in Großbritannien gezüchtet wurde.

Im Sommer, bei zunehmendem Tageslicht und steigenden Temperaturen, nimmt die Feuchtigkeit ab. Damit die Luft im Gewächshaus nicht zu trocken wird, sollte der Boden befeuchtet werden. Im Hochsommer wird diese Maßnahme wahrscheinlich nicht ausreichen; daher sollte die Lichtintensität durch Schattieren herabgesetzt werden, wodurch die Innentemperatur zurückgeht und die Feuchtigkeit sich entsprechend erhöht.

Im Winter dagegen, wenn das Licht weniger intensiv und die Temperaturen niedriger sind, könnte die Feuchtigkeit unter Umständen zu hoch sein. Dann müssen die richtigen Bedingungen durch Beheizen geschafft werden. Denken Sie aber daran, dass Ölöfen, die keinen Abzug nach draußen haben, die Luftfeuchtigkeit noch erhöhen können.

Temperatur

Der natürliche Lebensraum der Fuchsien erstreckt sich von Mittelamerika mit seinem tropischen oder subtropischen Klima bis hin zu den kalten Regionen an der äußersten Spitze Südamerikas. Auch wenn dies nicht die einzigen Gebiete sind, in denen man Fuchsienarten finden kann, ist aus den unterschiedlichen Klimabedingungen schon zu ersehen, dass die Hybride, die aus ihnen gezogen wurden, teilweise winterhart sein müssen. Die Vertreter der Triphylla-Gruppe zum Beispiel, die hauptsächlich aus den Kreuzungen zweier tropischer Arten, *F. triphylla* und *F. fulgens*, stammen, ähneln ihren Eltern und benötigen Wärme – mindestens 10 °C –, wenn sie den Winter überstehen sollen. Hybride wie 'Hawkshead', die von *F. magellanica var. molinae* aus Chile oder Argentinien abstammen, können auch unter kälteren Bedingungen überleben.

Die meisten Sorten benötigen Bedingungen, die zwischen diesen beiden Extremen liegen. Im Sommer während der Wachstums- und Blühperiode bevorzugen diese Fuchsien Temperaturen von 16–24 °C und eine hohe Luftfeuchtigkeit. Werden die Pflanzen dagegen trockener gehalten, können sie sowohl erheblich niedrigere als auch wesentlich höhere Temperaturen vertragen als gewöhnlich, sofern sie regelmäßig mit Wasser besprüht werden.

Bei Temperaturen unter 5–8 °C treten die Fuchsien in den Ruhezustand und verlieren nahezu alle Laubblätter. Fällt die Temperatur unter den Gefrierpunkt, gehen die meisten Sorten ein. Temperaturen über 27 °C werden toleriert, wenn die Luftfeuchtigkeit durch das Besprühen des Bodens und aller freien Oberflächen mit Wasser konstant gehalten wird; ansonsten besteht die Gefahr, dass die Knospen verkümmern und das Laub vorzeitig abfällt. Unter solchen Bedingungen werden die Pflanzen geschwächt, so dass sie anfälliger für Schädlinge – vor allem Spinnmilben – sind.

Die einzige Möglichkeit, die Temperatur genau zu ermitteln, ist immer noch der Einsatz eines Thermometers. Ein herkömmliches Thermometer zeigt Ihnen nur die Temperatur zur Zeit des Ablesens an. Da die Mindesttemperaturen gewöhnlich in den frühen Morgenstunden auftreten, können außergewöhnliche Schwankungen nach unten unbemerkt bleiben. In den meisten Gartencentern erhält man heute für wenig Geld Maximum-Minimum-Thermometer. Diese haben zwei Stifte, die jeweils auf der Tageshöchst- und Tagestieftemperatur stehen bleiben. Sie sollten auf jeden Fall für ein Gewächshaus angeschafft werden.

Rechte Seite: 'Marcus Graham' ist zur Zeit die gefragteste Fuchsiensorte in Großbritannien.

Direkt in den Boden gepflanzt, halten die Fuchsien draußen viel niedrigere Temperaturen aus, als wenn man sie in Gefäßen kultiviert. Zwar sterben bei sehr kaltem Wetter alle Pflanzenteile über der Erde ab, doch treiben die meisten winterharten Fuchsien an den unterirdischen Stängeln erneut aus, da diese Teile durch die Erde vor Kälte geschützt waren. Hingegen kann das Substrat in den Gefäßen im Winter sehr schnell durchfrieren. Alle in Behältern gepflanzten Fuchsien, auch die winterharten, überleben keinen Frost.

Einer der Reize von Fuchsien ist, dass man sie in verschiedensten Formen erziehen kann, zum Beispiel als Fächer, Säulen oder Hochstämme. Selbst wenn diese Formen aus winterharten Sorten kultiviert werden, müssen sie im Winter vor Frost geschützt werden. Denn direkt an der Erdoberfläche oder darunter würden sie vielleicht überleben, aber die mit Sorgfalt erzogenen oberen Triebe würden absterben. Fuchsien, die in einer kunstvollen Form kultiviert wurden, sind in der Anschaffung etwas teurer, da bereits verhältnismäßig viel Arbeit hineingesteckt wurde. Sie sollten diese Pflanzen vorsichtshalber nie Temperaturen unter 10 °C aussetzen.

In den meisten Regionen, in denen Fuchsien kultiviert werden, sind die Wetterbedingungen im Sommer für einen Standort im Freien gut geeignet. In dieser Zeit quartieren viele Gärtner sämtliche Pflanzen aus, da diese dann weniger Aufmerksamkeit benötigen und sich bis zu einem gewissen Grad selbst versorgen können. Natürlich müssen alle kälteempfindlichen Pflanzen vor dem ersten Frost ins Warme umziehen. Das große Problem ist, dass die Gewächse, die einmal draußen waren, drinnen nicht mehr so gut gedeihen!

Licht

Fuchsien benötigen ausreichend Licht und etwas direkte Sonneneinstrahlung, damit sie gut gedeihen. Es gibt jedoch einige Sorten mit blassgrünem oder gelbem Laub, die vor Sonne geschützt werden müssen und sich am besten in halbschattiger Lage entwickeln, sowohl im Gewächshaus als auch im Garten. Aber sie bilden eine Ausnahme, dagegen gibt es zahlreiche ähnliche Sorten, die sich bei vollem Licht sehr wohl fühlen.

Im Allgemeinen sind die schädlichen Folgen von zu starker Lichtintensität nur das Ergebnis hoher Temperaturen und zu geringer Feuchtigkeit. Im Sommer können erhöhte Temperaturen im Gewächshaus die Blätter und vor allem die Knospen verbrennen; die niedrige Feuchtigkeit, eine Folge von starker Erwärmung, kann ebenfalls dazu führen, dass die Knospen vorzeitig abfallen. Hier schafft das Schattieren des Gewächshauses Abhilfe; bei beständigem Wetter können Sie die Fuchsien auch in den Garten stellen, wo kühlere Bedingungen herrschen. Im Zweifelsfall ist zu viel Licht immer besser als zu wenig. Bei Lichtmangel kränkeln Fuchsien und bringen weniger Blüten hervor.

Licht beeinflusst aber auch die Farbe der Blüten. Weiße Fuchsien bilden rosa getönte Blüten, wenn sie einen vollsonnigen Platz bekommen. Um also die Bildung von rein weißen Blüten zu fördern, müssen Sie die weiß blühenden Sorten im Halbschatten ziehen. Ein schönes Beispiel ist 'Fink Marshmallow', eine Sorte der bekannten amerikanischen Züchterin Annabelle Stubbs. Wie der Name schon vermuten lässt, gedeihen diese Pflanzen in ihrer Pflanzschule in Fort Bragg im sonnigen Kalifornien mit einer recht kräftigen Blütenfarbe. In England dagegen weist diese Sorte nur einen Hauch von Rosa auf den sonst makellos weißen Blüten auf. Dieser Unterschied ist wohl auf die unterschiedlichen Wachstumsbedingungen und Lichtverhältnisse in Kalifornien und Großbritannien zurückzuführen. Ähnlich deutlich verändern auch dunkel blühende Fuchsien ihre Farbe in Abhängigkeit von Düngung und Licht.

Luftfeuchtigkeit

Die Luft kann nur eine begrenzte Menge an Wasserdampf aufnehmen. Welchen relativen Wasserdampfanteil die Luft gerade hat, wird in Prozent angegeben. Ist die Luft zum Beispiel mit Feuchtigkeit vollständig gesättigt, weist sie 100% relative Luftfeuchtigkeit bei der herrschenden Lufttemperatur auf. Pflanzen, die unter solchen Bedingungen wachsen, nehmen aus der Luft so viel Wasser auf, wie sie durch Verdunstung verlieren. Steigt jedoch die Temperatur, kann die Luft mehr Wasserdampf aufnehmen. Bleibt aber die in der Luft enthaltene Wassermenge gleich, geht die relative Luftfeuchtigkeit zurück, und die Pflanzen beginnen über ihre Laubblätter Wasser zu verlieren. Steigt die Temperatur weiter, ohne dass sich die Feuchtigkeit erhöht, dann geht die relative Luftfeuchtigkeit noch weiter zurück und kann einen kritischen Stand erreichen. Schließlich kommt es zu dem Punkt, an dem die Pflanzen so schnell Wasser ausscheiden, dass ihre Wurzeln und das Gefäßsystem den Prozess nicht mehr bewältigen können. Folglich beginnen sie zu welken, selbst wenn sie ausreichend Nässe um die Wurzeln haben. Deshalb sollten Wege und andere freie Oberflächen bei warmem Wetter reichlich mit Wasser bespritzt werden. Das verdunstende Wasser erhöht die relative Luftfeuchtigkeit und befreit die Pflanzen aus ihrer Stresssituation.

In einer gleich bleibenden Umgebung halten die Pflanzen ein natürliches Gleichgewicht zwischen der Kapazität des Wurzelsystems und der Kapazität und Anzahl der Triebe sowie der Blätter oberhalb der Erde aufrecht. Das Wurzelwerk kann ausreichend Wasser aufnehmen und so die normale Ausdünstung über die Blätter ausgleichen. Die Kapazität des Wurzelsystems wird von der durchschnittlichen relativen Luftfeuchtigkeit und der Luftzirkulation um die Pflanzen herum beeinflusst.

Im Vorfrühling, wenn es draußen noch kalt ist, werden die Lüftungsklappen im Gewächshaus selten geöffnet, und im Innern herrscht hohe Luftfeuchtigkeit bei geringer Luftbewegung. Früher oder später wird aber die wärmende Frühlingssonne Sie dazu veranlassen, Fenster und Türen zu öffnen; dadurch verändert sich das ausgeglichene und behagliche Mikroklima des Gewächshauses ganz plötzlich. Die Pflanzen sind einer ständigen Luftströmung ausgesetzt, die den Blättern Feuchtigkeit entzieht. In diesem Fall kann es vorkommen, dass der große Wasserverlust über das Laub die Aufnahmefähigkeit des Wurzelsystems überfordert, und obwohl der Boden feucht ist, werden die Pflanzen schlaff.

Hier schafft nicht weiteres Bewässern im Wurzelbereich Abhilfe, im Gegenteil – es würde mehr schaden als nützen. Wird dagegen die Luftfeuchtigkeit durch leichtes Besprühen des Blattwerkes mit entkalktem Wasser erhöht, kann übermäßiges Welken verhindert werden. Mit der Zeit gewöhnen sich die Pflanzen an die Veränderungen, indem sie ein größeres Wurzelwerk ausbilden und sind dann so weit abgehärtet, dass sie weniger Wasser verlieren.

Dieser Abhärtungsprozess hat die Herabsetzung der Zahl sowie der Größe von neuen Blättern zur Folge, wodurch sich die Oberfläche für die Ausdünstung verkleinert. Ebenso verändert sich die physische Struktur. Diese natürlichen Vorgänge dürften allerdings einige Wochen dauern. Der beste Weg, übermäßiger Feuchtigkeit vorzubeugen, ist das häufige Öffnen der Lüftungsklappen im Gewächshaus, und wenn es nur einen Spalt ist. Allmählich gewöhnen sich die Pflanzen an die jahreszeitlichen Veränderungen, die im Freien herrschen.

Pflanzen, die unter ungünstigen Bedingungen gedeihen, sind großem Stress ausgesetzt. Der Kampf ums Überleben macht sie anfälliger für Schädlinge und Krankheiten. Besonders Spinnmilben vermehren sich stark unter warmen, trockenen Bedingungen und können großen Schaden anrichten. Sollten die Fuchsien im Sommer ungewöhnlich viele Blätter verlieren, liegt dies in der Regel an zu niedriger Luftfeuchtigkeit und als Folge davon an diesen Plagegeistern.

Fuchsien reagieren auf plötzliche Veränderungen der Luftfeuchtigkeit ziemlich heftig. Wird zum Beispiel ein sehr schönes Exemplar, das in einem Gewächshaus kultiviert wurde, ins Wohnzimmer gestellt, kann dies eine Reihe unangenehmer Folgen haben. Als Erstes fallen oft über Nacht die meisten Knospen ab, und wird die Pflanze nicht sofort ins Gewächshaus zurückgebracht, fallen bald auch die Blätter ab. Manche Sorten reagieren bei solchen Umzügen weniger empfindlich als andere und können zu zuverlässigen Zimmerpflanzen erzogen werden, vorausgesetzt sie werden im Gewächshaus durch weniger Gießen und bei guter Belüftung abgehärtet. Am besten sollten die Pflanzen nach einigen Wochen wieder ins Gewächshaus umziehen, um Schäden vorzubeugen.

Im allgemeinen sind Fuchsien keine geeigneten Zimmerpflanzen. Die Luftfeuchtigkeit in der Wohnung ist üblicherweise zu niedrig für ihre Bedürfnisse; zudem scheiden die Pflanzen große Mengen von zuckerhaltigem Nektar aus, der das Mobiliar be-

Folgende Seite: 'Orange Drops'. Hybride mit orangefarbenen Blüten sind immer schwieriger zu kultivieren als andersfarbige. Diese Sorte ist eine der besten, die zur Zeit in dieser Farbe erhältlich sind. Sie verträgt ungünstige Bedingungen recht gut; außerdem blüht sie sehr üppig.

schädigen kann. Ich möchte hier nicht unerwähnt lassen, dass ich in diesem Punkt von holländischen Kollegen gescholten werde, da diese meinen, dass durch die Kultivierung von Zimmerpflanzen die Luftfeuchtigkeit steigt und somit ein besseres Mikroklima für Menschen und für Pflanzen entsteht. Dieses widerum hält die schädigenden Folgen von Zentralheizungen in Grenzen.

Der ausgeschiedene Nektar der Fuchsienblüten beschädigt nicht nur die Möbel, sondern tropft auch auf die Laubblätter und hinterlässt eine klebrige Masse. Mit der Zeit bildet diese Schicht in der Regel einen unansehnlichen schwarzen Schimmel. Bei Pflanzen, die im Freien wachsen, wird diese Schicht vom Regen weggespült, im Gewächshaus jedoch müssen die Blätter besprüht werden, um sie zu säubern. Achten Sie aber darauf, dass die Blüten dabei nicht mitgespritzt werden, da sie leicht Flecken bekommen. Besonders für einen Aussteller kann dies ein Problem sein.

Wasser

In Gefäßen kultivierte Fuchsien müssen regelmäßig bewässert werden und dürfen zu keiner Zeit völlig austrocknen, es sei denn, die Temperatur fällt unter das zur Aufrechterhaltung des Wachstums nötige Niveau von etwa 7 °C. Große Pflanzen, vor allem, wenn sie in voller Blüte stehen, können kaum zu viel gegossen werden. Ist das Substrat jedoch feucht, sollte man so lange warten, bis die Oberfläche eine etwas hellere Farbe bekommt. An sonnigen Tagen müssen ausgewachsene Pflanzen unter Umständen mehrmals bewässert werden, sie benötigen aber nur ein oder zweimal wöchentlich Wasser, wenn das Wetter nass und kühl ist. Pflanzen, die einen überdachten Standort haben, benötigen mehr Wasser als jene, die im Freien stehen und das Regenwasser nutzen können.

Stecklinge, die gerade Wurzeln bilden und frisch eingepflanzt wurden, brauchen besondere Sorgfalt, da sie in dieser Phase sehr anfällig sind. Das Hauptproblem ist übermäßiges Gießen. Wenn man immer dann bewässert, kurz bevor das Substrat austrocknet, werden kaum Gießfehler auftreten. Dazu müssen Sie aber Ihre Pflanzen bei warmem Wetter regelmäßig kontrollieren. Werden sie nur wenige Stunde vernachlässigt, können sie extrem austrocknen. Gießt man die Jungpflanzen zu stark, gehen sie ein oder das Substrat wird sauer und an der Oberfläche grünlich, wodurch die Weiterentwicklung gefährdet ist. Oft hört man bei Fuchsienfreunden die Frage, warum trotz gleicher Behandlung von mehreren Pflanzen einige eingehen. Die Antwort ist ganz einfach: Sie hätten nicht alle gleich behandelt werden dürfen. Die verschiedenen Sorten haben unterschiedliche Bedürfnisse, und sogar bei Pflanzen der gleichen Sorte kann es Unterschiede geben. Erhalten die Stecklinge in dieser kritischen Phase keine individuelle Pflege, werden die Verluste unweigerlich sehr hoch sein.

Haben sich die Pflanzen erst einmal gefestigt, können sie auch gelegentlich zu viel Wasser vertragen. Unter solchen Bedingungen – vorausgesetzt, sie sind ausreichend gedüngt – werden sie prächtig, oft sogar übermäßig, gedeihen. Die Zahl der Blüten scheint hiervon zwar nicht beeinflusst zu sein, die Blätter aber können unnatürlich groß werden und die Blüten verdecken. Der Abstand zwischen zwei Blattansätzen vergrößert sich ebenfalls. Das Hauptproblem liegt jedoch darin, dass die Pflanze ein weiches Gewebe bekommt und eine plötzliche Hitzewelle, trockenes Wetter oder andere widrige Bedingungen nicht übersteht. Bei Jungpflanzen ist ein sorgfältig überwachtes schnelles, üppiges Wachstum in dieser Phase nicht verkehrt, sollte aber durch vorsichtiges Gießen und anschließende Trockenperioden in Grenzen gehalten werden, damit sie sich zu gesunden Exemplaren entwickeln.

Sollten Sie keinen Züchter oder keine Pflanzschule in Ihrer Nähe haben, können Sie neue Sorten über den Versandhandel beziehen. Diese Gewächse sollten richtig verpackt sein, denn sie werden mindestens 24 Stunden lang im Dunkeln verbringen müssen. Das Merkwürdige ist hierbei oft, dass unter diesen Bedingungen gerade die gesündesten Exemplare mit üppigem Wuchs zuerst geschädigt werden. Bestellen Sie daher Ihre Pflanzen bei einem zuverlässigen Züchter und stellen Sie sicher, dass sie auf schnellstmöglichem Weg zugestellt werden.

Bei ihrer Ankunft können die Gewächse, die länger als drei Tage im Dunkeln waren, in schlechtem Zustand sein. Auf jeden Fall ist eine kurze Eingewöhnungsphase notwendig, da in ihrem Gewächshaus andere Bedingungen herrschen als beim Züchter.

Behalten Sie die Pflanzen einige Tage lang im Schatten und besprühen Sie sie bei warmem Wetter regelmäßig mit entkalktem Wasser. Hat die Versandgärtnerei Stecklinge ohne eigenen Wurzelballen geschickt, müssen diese sofort eingepflanzt werden. Containerpflanzen mit Wurzelballen dagegen können sich einige Tage einleben, bevor sie eingetopft werden.

Die Qualität des Gießwassers ist nicht unbedingt entscheidend. Wenn es als Trinkwasser geeignet ist, sollte es genügen. Hartes und weiches Wasser eignen sich gleichermaßen gut, um den Boden zu bewässern. Vermeiden Sie auf alle Fälle, die Blätter mit hartem Wasser zu besprühen, da die darin enthaltenen Salze Flecken hinterlassen. Sauberes Regenwasser kann für alle Zwecke eingesetzt werden, und da es frei von gelösten Salzen ist, eignet es sich besonders gut zum Besprühen der Pflanze.

Wasserbehälter und Regentonnen sollten einmal im Jahr gereinigt werden, um abgestorbenes Laub und anderes zersetztes Material zu entfernen. Wird dieser Reinigungsvorgang nicht durchgeführt, kann es bei den Pflanzen zu Krankheiten kommen. Kontaminiertes Wasser ist die Ursache für zahlreiche Pilz- und Bakterieninfektionen, besonders solche, die zur Wurzelfäulnis führen.

Von Hand zu gießen ist die beste Bewässerungsmethode, vorausgesetzt Sie haben genügend Zeit. Jede Pflanze benötigt individuelle Zuwendung, was im Allgemeinen die Qualität verbessert. Sollten Sie eine große Sammlung an Gewächsen haben, kann dies sehr zeitaufwendig sein, und die Kultivierung von Fuchsien ist Arbeit! Glücklicherweise gibt es Möglichkeiten, die Pflanzen automatisch zu bewässern. Die beliebteste und erfolgreichste Methode ist das Bewässerungssystem nach dem Prinzip der Kapillarwirkung. Man stellt die Töpfe mit den Pflanzen auf eine Vliesmatte in einer flachen Kunststoffschale, damit das Wasser nicht abfließt. Diese Matte wird nass gehalten, und die Pflanzen saugen das Wasser nach.

'Brookwood Belle' ist die beste rot-weiß blühende Sorte, die in den letzten Jahren gezüchtet wurde.

Zahlreiche Hersteller bieten komplette Anlagen mit Wasserstandsanzeiger und Wasserreservoir an, die eine vollautomatische Bewässerung ermöglichen. Nach einer erfolgreichen Testphase können solche Systeme etwa zwei Wochen lang für Wasserzufuhr sorgen. Diese Methode funktioniert aber nur bei Töpfen mit einem Durchmesser, der kleiner ist als 12,5 cm, denn die Höhe, bei der das Wasser durch die Kapillarwirkung aufgenommen wird, ist begrenzt.

Größere Pflanzgefäße können eine integrierte Tropfvorrichtung haben. Auch hier gibt es vollautomatische Anlagen mit Anzeiger und Kontrollbox.

Komplette Anlagen sind bei verschiedenen Herstellern und in gut sortierten Gartencentern erhältlich. Diese arbeitssparenden Erfindungen funktionieren zwar gut, aber es dauert eine Weile, bis man alle Handgriffe richtig beherrscht. Erwarten Sie nicht gleich ein perfektes Ergebnis. Kleinere und frisch eingesetzte Pflanzen sollten zunächst von Hand gegossen werden, bis sie kräftig genug sind und dann auf die Saugmatte gestellt werden.

Manche Züchter sind der Meinung, dass die Bewässerung der Erde durch das Hochsaugen des Wassers von unten zu unterschiedlichen Ergebnissen führe. Das Ziel sollte eine ausreichende Wasserversorgung sein, damit der Wurzelballen gerade nass ist, für welche Methode Sie sich auch immer entscheiden. Dass sich beim Kapillarsystem durch die Vliesmatte zusätzlich Luftfeuchtigkeit bildet, kann sich je nach Temperatur als Vor- oder Nachteil erweisen.

Denken Sie auch daran, dass Bestandteile des Düngers, die vom Substrat ausgeschieden wurden, über die Vliesmatte wieder zurückgeführt werden, während beim Gießen von Hand die Nährstoffe ausgewaschen werden. Die Düngung sollte dementsprechend allmählich der jeweiligen Bewässerungsmethode angepasst werden.

Nährstoffe und Düngung

Bei der Kultivierung von Fuchsien gibt es die meisten Missverständnisse zweifellos in diesem Bereich, und schlimmer wird die Sache durch die vielen Pflanzenbücher, die darüber irreführende und gegensätzliche Angaben machen. Aus dem Grund wird dieser Punkt hier in Einzelheiten beschrieben.

Ähnlich wie bei Tieren werden viele Vorgänge bei Pflanzen von den Hormonen gesteuert. Diese pflanzlichen Wuchsstoffe werden als Auxine bezeichnet. Die verschiedenen Stufen besonderer Auxine regulieren die Wachstumsphasen der Pflanze und bestimmen, wann sie wächst und wann sie blüht. Diese Vorgänge sind sehr kompliziert und teilweise auch noch wissenschaftlich nicht vollständig geklärt; daher sollen sie hier in einer vereinfachten Form erläutert werden

In der Frühphase im Frühling, wenn die Pflanzen beginnen auszutreiben, wird die Knospenbildung durch bestimmte Auxine gehemmt; dadurch können sich neue Triebe und Laubblätter so schnell wie möglich entwickeln. Die Blätter nehmen die Sonnenenergie auf, setzen die Mineralsalze aus dem Boden und das Kohlendioxid aus der Luft um, und produzieren so Nährstoffe, die für neues Wachstum erforderlich sind. Es handelt sich um den Vorgang der Photosynthese, die durch das Chlorophyll, den grünen Farbstoff der Pflanzen, ermöglicht wird. Die Pflanzen müssen in der Anfangsphase so schnell wie möglich wachsen, die Blütenbildung würde diesen Prozess aber verlangsamen. Stecklinge, die in dieser Zeit, also ohne Blütenknospen, eingesetzt werden, bilden sehr leicht Wurzeln. Nach einer Weile wird die Regulierung dieser Wachstumsphase durch das Auxin herabgesetzt, was wahrscheinlich zu einem Teil von der Größe der Pflanze, aber mit Sicherheit von der Tageslänge und der Temperatur abhängt.

Jetzt kommt ein anderes Auxin oder ein chemischer Auslöser ins Spiel, das ist für Blütenbildung zuständig; die Blütenknospen beginnen sich zu entwickeln. Wenn diese Phase eintritt, verlangsamt sich das Wachstum der Triebe drastisch.

Stecklinge, die zu diesem Zeitpunkt entnommen werden, wurzeln nicht so gut. Der oben beschriebene Vorgang ist ein natürlicher Prozess und kann normalerweise vom Züchter nicht reguliert werden. Es wurde jedoch bewiesen, dass sich die Blühperiode durch künstliche Beleuchtung der Pflanzen, also durch Verlängerung des »Tages«, vorverlegen lässt. Meist wird dieser Aspekt von den Züchtern nicht berücksichtigt.

Zahlreiche Bücher setzen sich mit dem Wachstums- und Blühzyklus in Bezug auf das verwendete Düngemittel auseinander. Es wird behauptet, stickstoffhaltige Düngemittel förderten das Wachstum, während solche mit hohem Kaliumgehalt die Blütenbildung verhinderten. Dies trifft zwar durchaus zu, doch die allgemeine Wirkung dieser Produkte ist verglichen mit der Rolle, die die Auxine spielen, relativ gering.

Was nun folgt, ist ein typisches Beispiel aus dem Leben einer Fuchsie: Es beginnt mit einem bewurzelten Steckling und wird unter Bezugnahme auf die Veränderungen in den hormonellen Phasen sowie auf die Verwendung von verschiedenen Düngemitteln erklärt.

Der Steckling wird im Frühjahr in das Substrat, das man in einen kleinen Topf gegeben hat, gesetzt. Die Einheitserde enthält einen hohen Gehalt an Stickstoff, der zusammen mit den natürlichen Wuchsstoffen für ein rasches Wachstum sorgt. Eine sorgfältig regulierte Bewässerung trägt dazu bei, dass das Gewebe des Pflänzchens sich nicht zu weich entwickelt. Wenn die Wurzeln der Pflanze sich in dem kleinen Topf ausgebreitet haben, wird sie in ein größeres Gefäß mit frischem Substrat gesetzt. In dieser Phase wird das Wachstum durch Umtopfen gefördert und nicht durch Düngen.

Hat sich die Pflanze eingewöhnt, schreitet das Wachstum rasch voran. Jeder Trieb wächst pro Woche mehrere Zentimer. Nach erneutem Umtopfen in einen Behälter von 15 cm Durchmesser hat die kleine Fuchsie beinahe die Größe erreicht, bei der die Blütenbildung einsetzt. Abhängig von der Wuchskraft der jeweiligen Sorte kann die Pflanze in diesem Topf ihre Blüten hervorbringen, oder sie sollte in einen größeren gesetzt werden.

Die Wachstumshormone sind zu diesem Zeitpunkt nicht mehr so wirksam, da sie durch jene Stoffe, die für die Blütenbildung verantwortlich sind, ersetzt werden. Das Ergebnis ist, dass das Wachstum der Triebe und der Blätter herabgesetzt wird, sobald die Knospenbildung einsetzt. Jetzt sind die Nährstoffe, die im Substrat vorhanden waren, weitgehend verbraucht, und man kann mit der Düngegabe beginnen.

Sollte die Pflanze für eine Ausstellung angemeldet sein, die nicht in Kürze stattfindet, gibt es keinen Grund, warum die Blüten jetzt gebildet werden sollten. Die Knospen können entfernt werden, sobald sie groß genug zum Anfassen sind, und die Pflanze bekommt ein Düngemittel mit einem hohen Stickstoffgehalt, um das Wachstum so weit wie möglich zu fördern. Die Fuchsie wird auf diese Weise nicht riesengroß, da man gegen das Blühhormon arbeitet. Weil aber größere Exemplare mehr Preise gewinnen als kleinere, kann der Unterschied entscheidend sein.

Etwa sechs Wochen vor der Schau werden die Knospen nicht mehr abgezwickt, damit die Pflanze bis dahin die volle Blüte erreicht. Acht Wochen vor dem Ausstellungstermin wäre ein Wechsel zu einem Düngemittel mit hohem Kaliumgehalt angebracht. Dadurch wird die Pflanze abgehärtet, da die Zellwände dicker werden; so erleiden die Blüten beim Transport keinen Schaden, und außerdem wird ihre Farbe intensiver. Wenn Sie diese Ratschläge befolgen, hat Ihre Fuchsie am Tag der Ausstellung die optimale Größe erreicht und weist die höchstmögliche Blütenzahl auf.

In den wenigen Wochen vor der Schau, wenn die Pflanze ihre ganze Energie zur Bildung von Blüten aufwendet, wachsen die Triebe kaum. Nach der anfänglich übermäßigen Blütenfülle erscheinen nur einige wenige neue Blüten. Der Grund dafür ist, dass Knospen nur dann gebildet werden, wenn die Triebe in die Länge wachsen; aber das ist nicht der Fall, da die Pflanze ihre ganze Energie in den Vorgang der Blütenbildung steckt. Einige Wochen später setzt die Knospenbildung wieder ein, wenn erneut Seitentriebe hervorgebracht werden.

Wenn die Fuchsie lediglich als Zierpflanze verwendet wird, kann man während der Blühperiode ein Düngemittel mit hohem Stickstoffgehalt verabreichen. Dadurch wachsen die Triebspitzen weiter, und es erscheinen kontinuierlich Blüten, aber in etwas geringerer Zahl. Da der Pflanze die Strapazen eines Transports nicht bevorstehen, ist die Gabe von einem Düngemittel mit hohem Kaliumgehalt zur Abhärtung nicht mehr nötig. Eigentlich sollte ein kaliumreiches Düngen nur in der frühen Vegetationsperiode stattfinden, um die Bildung der allerersten Blütenknospen zu unterstützen. Da aber die Blütenbildung in erster Linie durch die Auxine reguliert wird, die wiederum von den Jahreszeiten abhängig sind, bringen solche Düngegaben nur wenig Nutzen.

Pflanzendünger enthalten die drei Hauptkomponenten Stickstoff, Phosphor und Kalium sowie zahlreiche Spurenelemente wie Magnesium und Eisen. Die genauen Mengenangaben sind jeweils auf der Packung oder Flasche angegeben. Die herkömmlichen Produkte weisen die folgenden Konzentrationen auf:

Stickstoff (N)	10%
Phosphor (P als P_2O_5)	5%
Kalium (K als K_2O)	10%

Diese Konzentrationen können aber auch so angeben werden: (10 : 5 : 10) NPK oder auch (2 : 1 : 2) NPK. Im Resultat dasselbe sind auch 20:10:20 NPK oder 30:15:30 NPK, sofern die Düngegaben in der richtigen Verdünnung erfolgen.

Die Konzentrationen der einzelnen Produkte verschiedener Hersteller variieren recht stark, vor allem zwischen denen in fester und flüssiger Form. Sie müssen nach Herstellerangaben im richtigen Verhältnis eingesetzt werden. Im allgemeinen können Sie die empfohlene Menge an Düngemittel bei jedem fünften Gießvorgang zugeben, also alle fünf Tage, wenn Sie ihre Pflanzen jeden Tag bewässern müssen. Brauchen die Gewächse nur einmal wöchentlich Wasser, dann wird die Düngergabe alle fünf Wochen notwendig. Denken Sie aber daran: Die Pflanzen, die automatisch bewässert werden und auf Vliesmatten stehen, brauchen seltener gedüngt zu werden als die auf herkömmliche Art gegossenen.

Der Düngevorgang ist für den Gärtner eine ernst zu nehmende Aufgabe. Wird zu wenig gedüngt, verschlechtert sich die Qualität der Pflanze allmählich. Wenn Sie aber Ihre Gewächse regelmäßig beobachten, werden Sie diese Verschlechterung rechtzeitig bemerken und können etwas dagegen tun – entweder umtopfen oder die Menge oder die Häufigkeit der Düngergabe erhöhen. Übermäßiges Düngen kann zu noch schlimmeren Schäden führen, denn die Pflanze hat weiterhin ein gesundes Aussehen, bis die Wurzeln plötzlich absterben. Dann kommt jede Rettung zu spät. Oft ist eine Gärtnerei oder ein Fachgeschäft in der Nähe, wo Sie die Fähigkeit der Erde zu Wasserabzug nachprüfen lassen können. Dies dient als Anhaltspunkt für die Gesamtmenge an Nährstoffen, die im Bodenwasser gelöst vorliegen, und zeigt an, ob mehr gedüngt werden muss oder nicht. Diese Ratschläge sind nicht immer zuverlässig. Professionelle Züchter lassen das Substrat in Speziallabors untersuchen, um gesicherte Informationen zu erhalten.

In den vergangenen 20 Jahren wurden verschiedene Formen von Langzeitdünger entwickelt. Das Neueste sind die sogenannten umhüllten Langzeitdünger. Der Dünger ist in poröse Kügelchen aus harzartigem Material, das auch Spurenelemente enthält, eingeschlossen und wird über einen langen Zeitraum allmählich freigesetzt, wobei die Freisetzungsrate von der Temperatur abhängt. Je höher die Temperaturen, umso schneller wird der Dünger freigesetzt – ein Prinzip, das gut an den natürlichen Wachstumsrhythmus der Pflanzen angepasst ist.

Substrate, die solche Langzeitdünger enthalten, versorgen die Pflanzen über mehrere Monate mit den notwendigen Nährstoffen. Daher genügt in dieser Zeit eine gelegentliche Düngergabe von Hand. Erst gegen Ende der Wachstumsperiode, wenn die Wirkung des Langzeitdüngers nachlässt, kann wieder herkömmlich gedüngt werden. Obwohl sie für den kommerziellen Gebrauch entwickelt wurden, sind die meisten Produkte dieser Art auch inzwischen in kleineren Verpackungseinheiten erhältlich. Sie sind zwar recht teuer, aber auch ihr Geld wert.

Das mit Lanzeitdünger versetzte Substrat sollte bald verbraucht werden, da ansonsten die verfügbaren Nährstoffe schnell freigesetzt und abgebaut werden, bevor sie den Pflanzen zugute kommen. Das bedeutet, dass bereits fertig gemischte Produkte eine kurze Wirkzeit haben und daher in Gartencentern nicht lange gelagert werden dürfen. Das Substrat sollte stets nach der Zugabe des Langzeitdüngers innerhalb von zwei Wochen verwendet werden.

Der Unterschied zwischen den verschiedenen Zusammensetzungen von Düngemitteln liegt nicht in der absoluten Menge der darin enthaltenen Nährstoffe, sondern im Verhältnis der Nährstoffe zueinander. Nur die relativen Mengen an Stickstoff und Kalium sind für gewöhnlich zu beachten. Nehmen wir das Beispiel 10:5:10 NPK. Die

Organisches Material (Humus oder Torf) ist ein Grundbestandteil für ein selbst hergestelltes Substrat.

Stickstoff- und Kaliumkonzentrationen sind gleich, das Düngemittel ist also ausgewogen. Es handelt sich um ein gutes Allzweckprodukt. Ein 20:5:10-NPK-Düngemittel weist eine höhere Stickstoffkonzentration auf, da es doppelt soviel Stickstoff wie Kalium enthält. Ähnlich ist es mit einer 10:5:20-NPK-Konzentration; es handelt sich um ein Produkt mit doppelt so viel Kalium wie Stickstoff. 30:5:10- oder 10:5:30-NPK-Düngemittel werden auch hergestellt, aber sie sind weit davon entfernt, ausgewogen zu sein, und sollten mit größter Vorsicht eingesetzt werden; sonst richten sie mehr Schaden an als dass sie nutzen.

Sowohl der Stickstoff- als auch der Kaliumanteil in einem Düngemittel ist stark löslich und wird leicht mit dem aus den Töpfen abfließenden Wasser ausgewaschen, es sei denn, Sie verwenden Vliesmatten. Phosphor wird gewöhnlich in Form von Phosphaten, die mit Kalk kombiniert und relativ schwer löslich sind, dem Substrat zugesetzt. Aus diesem Grund wird ein Präparat ohne Phosphor wie zum Beispiel 10:0:20 allen Ansprüchen gerecht, wenn Sie hartes Wasser haben, da die Phosphormengen im Substrat in diesem Fall völlig ausreichen. Auf alle Fälle schadet zu viel Phosphor der Fuchsie kaum.

Es wurde bereits erwähnt, dass das Verhältnis eines Nährstoffs zu den anderen ausschlaggebend ist und nicht ihre tatsächliche Konzentration. So besteht etwa zwischen Kalium und Magnesium ein Zusammenhang. Wenn Sie ständig mit Kaliumüberschuss düngen, kann das Gleichgewicht so stark verschoben werden, dass Anzeichen von Magnesiummangel auftreten, obwohl das Substrat noch reichlich Magnesium enthält. Es ist allerdings recht kompliziert, anhand des Aussehens der Laubblätter den Mangel an Mineralien zu bestimmen, und die Symptome weisen von Art zu Art große Unterschiede auf. Dieser Punkt der Pflanzenkultivierung ist so schwer zu beherrschen, dass man im Zeifelsfall die Pflanzen umtopfen sollte – dies ist immer noch der beste Weg, um Ernährungsprobleme zu lösen.

Man kann auch die Erdballen der Pflanzen für mehrere Stunden in große Mengen Wasser eintauchen. Dadurch werden die löslichen Nährstoffe weggespült. Dann lässt man die Pflanze sich mit einer frischen Lösung von Flüssigdünger guter Qualität vollsaugen, um das Gleichgewicht der Nährstoffe wiederherzustellen. Dieses Düngemittel muss alle Spurenelemente enthalten. Manche bewässern ihre Pflanzen, indem sie sie in eine Wanne mit Wasser stellen, das Sie dann später abfließen lassen. Das ist keine sehr gute Idee, da dem Substrat so eine Menge an Nährstoffen entzogen wird; was zurückbleibt, hat nicht das richtige Gleichgewicht, da die einzelnen Inhaltsstoffe der Düngemittel eine unterschiedliche Löslichkeit haben.

Wenn die Wurzeln sehr nass sind, bilden einige Fuchsien am frühen Morgen an den Blatträndern Wassertröpfchen. Dieses Phänomen kann man besonders bei Pflanzen im Gewächshaus beobachten. Steigt die Temperatur, verschwinden auch die Tröpfchen. Manchmal bleibt jedoch eine schmutzige, pudrige Schicht zurück. Die meisten Fachleute behaupten, dies sei die Folge von Überdüngung, was aber normalerweise nicht stimmt. Die Anzeichen von Überdüngung erkennt man daran, dass die Pflanze zu welken beginnt, und in Kürze das ganze Gewächs eingeht. Der wahre Grund für die Flecken auf den Blättern liegt in der Entstehung von Abfallstoffen im Substrat.

Düngemittel enthalten oft Bestandteile, die von den Pflanzen nicht benötigt werden. Kalium wird beispielsweise in Form von Kaliumsulfat zugesetzt, was unerwünschte Sulfate im Substrat hinterlässt. Diese und andere nicht benötigte Bestandteile von Düngemitteln werden jedes Mal, wenn die Pflanze gedüngt wird, freigesetzt. Auch wenn die Pflanze einige dieser Bestandteile gelegentlich aufnimmt, werden sie für das Wachstum nicht benötigt und so auf jede mögliche Art ausgeschieden.

Kies oder grober Sand ist ein weiteres Grundmaterial für selbst hergestellte Erde.

Zusatzstoffe wie stark zerkleinertes Gestein oder Bimskies können dem Substrat zugegeben werden, damit es aufnahmefähig und lange Zeit durchlässig für Wasser bleibt. Sie können auch allein verwendet werden, aber beim Gießen ist dann besondere Vorsicht angesagt!

Hersteller von Düngemitteln können diese Probleme verringern, indem sie teurere Verbindungen wie Kaliumnitrat verwenden, das von den Pflanzen vollständig verwertet wird. Sollten die unerwünschten Abfallprodukte ein ständiges Problem darstellen, tauschen Sie das Produkt gegen ein besseres aus.

Wenn Sie keine chemischen Mittel verwenden möchten, können Sie Ihren Pflanzen die nötigen Nährstoffe auch auf eine von Ihnen bevorzugte Weise zuführen. Bei manchen Düngemitteln, die natürlichen Ursprungs sind wie zum Beispiel Algen, stehen die wichtigen Angaben auf der Packung. Selbst angesetzte Düngerlösungen enthalten jedoch eine unbekannte Konzentration an Nährstoffen und zeigen nach meinen Erfahrungen bei Topfpflanzen keine große Wirkung. Pflanzen in Gefäßen zu kultivieren ist eigentlich unnatürlich, und so sollten hier auch unnatürliche Methoden angewandt werden, um die besten Ergebnisse zu erzielen.

Substrate und Pflanzerden

Um die besten Ergebnisse zu erzielen, muss die Zusammensetzung der Erde, die für Topfpflanzen verwendet wird, bekannt sein. Sie sollte auch die erforderlichen Konzentrationen an Nährstoffen und Spurenelementen enthalten; außerdem muss sie den richtigen pH-Wert haben. Gartenerde allein wäre nicht die richtige Wahl. Die Konzentration der darin enthaltenen Nährstoffe würde nicht ausreichen, und das Verhältnis Luft/Wasser wäre für Topfkulturen nicht richtig. Die Erde aus dem Garten könnte auch Krankheitserreger oder sogar Würmer enthalten, die – eingezwängt in den kleinen Topf – das Wurzelwerk beschädigen würden. Außerdem könnten so die Larven des Dickmaulrüsslers ins Gewächshaus getragen werden, der verheerende Schäden anrichten kann und bekanntlich schwer zu bekämpfen ist.

Im Garten verfügen die Pflanzenwurzeln über einen großen Bereich im Boden, wo sie sich ausbreiten und die nötigen Nährstoffe sogar aus den entferntesten Ecken holen können. Gewächse, die in Töpfen kultiviert werden, haben diesen Luxus nicht, also muss das Substrat, in dem sie wachsen sollen, eine besondere Zusammensetzung aufweisen.

Verschwenden Sie nicht Ihre Zeit damit, irgendwelche Produkte auszuprobieren, sondern verwenden Sie nur qualitativ wertvolle Einheitserde, die speziell für Topfpflanzen hergestellt wurde. Nehmen Sie die gewöhnliche Topferde nicht für Stecklinge oder zum Säen, denn das Ergebnis würde etwas mager aussehen. Hierfür gibt es die sogenannte Nullerde, die weder Dünger noch andere Substrate enthält. Die Topferde eignet sich für gut entwickelte oder ausreichend bewurzelte Pflanzen. Die Nullerde kann auch für ältere Exemplare verwendet werden, aber da die Konzentrationen an Nährstoffen nicht ausreichend ist, müsste sie in diesem Fall durch Düngergaben ergänzt werden. Gute Pflanzerden bilden die ideale Wachstumsgrundlage, wenn ihnen zusätzlich Langzeitdünger beigemischt wird.

Substrate, sei es für reife Pflanzen, für Stecklinge oder zum Säen, können in zwei Gruppen eingeteilt werden: Mischungen mit einem Anteil Garten- oder Ackererde und Torfkultursubstrate.

Ein wirklich gutes Substrat für Fuchsien besteht aus Rasenerde, die aus zersetztem Gras alter Weideländer mit lehmigem Boden gewonnen wird, aus grobem Sand, Torf und Spezialdünger. Solche Erden bringen ausgezeichnete Ergebnisse hervor, die aber leider von der Qualität der verwendeten Rasenerde abhängen, und die ist heute knapp und kann sehr unterschiedlich ausfallen.

Linke Seite: Die Abbildung zeigt zwei Stecklinge, die in Torftöpfen gezogen wurden. Die frischen, weißen Wurzeln, die sich durchgebohrt haben, deuten darauf hin, dass die Pflänzchen nun in größere Gefäße gepflanzt werden können. Bei dieser Art von Behältern sollte man den Rand vor dem Umtopfen vorsichtig entfernen, ohne dabei die zarten Wurzeln zu verletzen.

Früher wurde das Gras von alten Weideländern im Herbst ausgestochen und mit der Grasseite nach unten aufgestapelt; zwischen jede Lage gab man zersetzten Pferdemist. Im folgenden Frühjahr wurde das Ganze durchmischt, zerkleinert und vor Gebrauch mit Dampf sterilisiert.

Heutzutage gibt es kaum noch üppige Weideländer, und Stallmist ist auch nicht überall erhältlich. Die Qualität der Pflanzerden für die Kultur von Fuchsien leidet darunter.

Die neuesten Produkte weisen kaum, wenn überhaupt, die ursprüngliche Zusammensetzung auf, und die modernen Torfkultursubstrate liefern noch die besten Ergebnisse. Aber herkömmliche Pflanzerden sind nach wie vor notwendig. Fuchsien, die beispielsweise zu Hochstämmchen erzogen wurden, brauchen einen Stützstab. Dieser hat in der Erde viel besseren Halt als in einem Torfgemisch. Substrate mit Gartenerde sind auch einfacher zu handhaben; wenn sie einmal austrocknen sollten, können sie viel schneller wieder angefeuchtet werden. Auch das Düngen ist weniger problematisch.

Torfkultursubstrate wurden zum ersten Mal von der University of California in Los Angeles entwickelt. Sie enthalten ein gedüngtes Gemisch aus Torf und Sand. Diese Substrate wurden durch jahrzehntelange Forschungsarbeit immer mehr verfeinert, und die neuesten Ergebnisse sind sehr zufrieden stellend. Der Hauptbestandteil ist gewöhnlich Torf, der im Gegensatz zur Rasenerde eine gleichbleibende Qualität aufweist; deshalb gibt es beim fertigen Torfgemisch auch keine Schwankungen zwischen den verschiedenen Packungen. Torf ist ein Material, das glücklicherweise noch reichlich vorhanden ist und von dem noch große Reserven existieren. Ein großer Teil der Fläche Europas, die sich von Norwegen und Schweden bis zu den riesigen Gebieten der ehemaligen Sowjetunion erstreckt, besteht größtenteils aus Torf.

Es gibt jedoch auch gefährdete Bereiche, die unter Naturschutz gestellt werden mussten. Dauerndes Abstechen von Torf führt nämlich zur Zerstörung der Moore, einem wichtigen Lebensraum für viele Tiere und Pflanzen. Da viele Umweltschützer gegen diesen Raubbau ins

pH-Wert (saure oder alkalische Eigenschaft). Der richtige pH-Wert ist ein kritischer Punkt, denn er ist entscheidend dafür, dass verschiedene Elemente des Substrats für die Pflanzen verfügbar werden. Viele Gärtner wissen, dass bestimmte Pflanzen saure Böden nicht mögen. Der Grund dafür ist, dass die Erde Substanzen wie Mangan und Aluminium enthält, die nur unter sauren Bedingungen schädigend wirken. Auch sind einige wichtige Nährstoffe wie Eisen den Pflanzen im sauren Milieu zugänglicher; deshalb zeigen verschiedene Pflanzen Eisenmangel, wenn sie in alkalischem Boden wachsen.

Doch diese Vorgänge sind äußerst kompliziert, deshalb rate ich Ihnen, ein gutes Handelsprodukt zu

Feld ziehen und den Stopp des Torfabbaus fordern, sind jetzt auch torffreie Produkte im Fachhandel erhältlich. Sie werden auf der Grundlage von Kokosfasern, gehäckselter Rinde oder anderen Abfallstoffen hergestellt. Im Allgemeinen sind diese Produkte minderwertiger als Torfkultursubstrate, und in die Zusammensetzung und Verwendungsmöglichkeiten muss noch mehr Forschungsarbeit investiert werden. Man befürchtet zudem, dass Substrate, die aus wiederverwertbaren Materialien hergestellt werden, toxische Metalle enthalten und die Umwelt schädigen könnten.

Alle Substrate, die für das Pflanzenwachstum entwickelt werden, sind in ihrer Zusammensetzung sehr kompliziert, und es ist immer besser, auf ein bewährtes Handelsprodukt zurückzugreifen als etwas einzusetzen, was man selbst gemischt hat. Es ist etwas anderes, wenn Sie die Bestandteile als Set kaufen und ein Gemisch aus Torf und Sand zusetzen. Gewöhnlich erzielen Sie mit solchen Substraten gute Ergebnisse, denn sie sind ausreichend getestet.

Die guten Torfkultursubstrate, die nicht sofort verwendet werden, bleiben etwa sechs Wochen lang wirksam; danach sind sie für Pflanzen schädlich. Zum Zeitpunkt der Herstellung haben alle Substrate einen optimalen

Oben: Diese zwei Stecklinge haben bereits ausreichend Wurzeln gebildet und können in größere Gefäße gepflanzt werden.

Rechts: Hier sieht man die Stecklinge von der oberen Abbildung nach dem Umtopfen. Beachten Sie die kleinen Stäbe, die hineingesteckt wurden, um die zarten Triebe zu stützen.

kaufen und darauf zu vertrauen, dass der Hersteller diese Probleme für Sie bestens gelöst hat.

Zum Schluss gehen wir auf die Pufferung des Substrats ein. Pflanzen können die Nährstoffe über ihre Wurzeln nur dann aufnehmen, wenn sie in Wasser gelöst vorliegen. Wären alle im Substrat enthaltenen Nährstoffe gleichzeitig als Lösung vorhanden, hätten sie eine so hohe Konzentration, dass die Wurzeln davon absterben würden. Die Erde übt einen sehr großen Puffereffekt aus und kann die meisten Substanzen binden und sie in relativ kleinen Mengen im Substrat freisetzen. Diese geringe Konzentration wird auf einem konstanten Niveau gehalten. Die Pflanze nimmt über die Wurzeln Nährstoffe auf, dafür werden weitere vom Substrat freigesetzt und ersetzen die verbrauchten. Eine Standardmischung aus Gartenerde hat eine viel bessere Pufferwirkung als Torfkultursubstrate oder Ersatzprodukte. Sollten Sie Ihre Pflanzen überdüngen oder verhungern lassen, kann die Erde die Schwankungen ausgleichen, und die Pflanzen nehmen keinen großen Schaden.

Fuchsien sind sehr tolerante Gewächse. Vorausgesetzt, sie werden unter vernünftigen Bedingungen kultiviert, zeigen sie sich bei der Frage des Substrats, des pH-Werts oder der Nährstoffkonzentration nicht besonders wählerisch. Das bedeutet, dass gewöhnliche Pflanzerden und die normalen Mengenangaben auf der Verpackung des Düngemittels vollkommen ausreichen, um die Fuchsien zufrieden zu stellen.

Pflanzen in Gefäßen sollten in richtiger Tiefe eingesetzt werden. Das gesamte Wurzelsystem sollte unter der Erdoberfläche sein. Die Blätter dürfen das Substrat nicht berühren, sonst verfaulen sie.

Umtopfen

Wenn Jungpflanzen an Umfang zunehmen, müssen sie umgetopft werden, wobei der Erdballen nicht zerstört werden darf. So können sich die Wurzeln im neuen Substrat rasch ausbreiten. Vermeiden Sie Staunässe, sonst wird das Substrat sauer. Nehmen Sie einen Topf, der im Durchmesser 5 cm größer ist als das alte Behältnis. Verteilen Sie die neue Erde um die Wurzeln herum und klopfen Sie leicht gegen den Topf, damit sich das Substrat festsetzt. Das Torfkultursubstrat muss gut angedrückt werden, damit

Oben: Ein Steckling 6–8 Wochen nach dem Umtopfen. Er ist jetzt so weit, dass er erneut in ein größeres Gefäß gepflanzt werden muss.

Rechts: Dieselbe Pflanze von oben gesehen, nachdem sie aus einem Topf mit 10 cm Durchmesser in einen mit 15 cm Durchmesser umgesetzt wurde. Falls nötig, kann man längere Stäbe in die Erde stecken, um den Trieben Halt zu geben.

keine Hohlräume entstehen. Bei der herkömmlichen Pflanzenerde reicht dafür der Druck der Daumen. Das Verhältnis Luft/Wasser im Substrat ist von großer Bedeutung; wird das Substrat zu stark verdichtet, kann dies zum Nachteil der Pflanze verändert sein. Ältere Gewächse, vor allem solche, die über Jahre hinweg in Gefäßen wachsen, sollten gelegentlich umgetopft werden oder neues Substrat bekommen. Dazu wird die Pflanze vorsichtig, ohne den Wurzelballen zu beschädigen, aus ihrem Topf genommen, die alte Erde weitgehend entfernt und wieder in den gleichen Behälter eingesetzt; anschließend füllt man frische Pflanzerde ein und gießt vorsichtig. So kann die Pflanze bedeutend kräftiger werden.

Diese Arbeit wird in der Regel bei ausgewachsenen Pflanzen im Frühjahr ausgeführt, gerade wenn die neue Wachstumsperiode einsetzt. Ist ein Großteil der Wurzeln abgestorben, sollte man die Fuchsie besser in einen kleineren Topf mit frischer Erde geben und hoffen, dass sie sich wieder erholt. Pflanzen in Torfkultursubstraten gedeihen viel besser, wenn sie jedes Frühjahr frisches Substrat bekommen; die in herkömmlicher Erde benötigen viel seltener frisches Substrat – mit Düngergaben nur höchstens alle zwei Jahre.

Heutzutage sind die meisten Pflanzgefäße aus Kunststoff hergestellt, aber manche Züchter bevorzugen die bewährten Tontöpfe, auch wenn sie in der Anschaffung teurer sind. Pflanzen in Tontöpfen brauchen zwar mehr Wasser als die in Kunststoffbehältern, bei ausgewogener Wasser- und Nährstoffzufuhr wird das Ergebnis jedoch das gleiche sein. Setzen Sie eine automatische Bewässerungsanlage mit einer Saugmatte ein, dürfen Sie nur dünnwandige Kunststofftöpfe verwenden, damit das Substrat durch die Abflusslöcher mit der nassen Unterlage in Berührung kommt.

Wird eine Pflanze umgetopft, sollte sich der ursprüngliche Erdballen auf der gleichen Höhe mit dem neuen Substrat oder knapp unter der Oberfläche befinden.

Überwintern

Die meisten Fuchsien sind nicht winterhart und können keine Kälte vertragen; daher müssen sie bei mitteleuropäischen Temperaturen im Haus frostfrei über den Winter gebracht werden. Am besten lassen sich Fuchsien bei Temperaturen um 10 °C überwintern, dann werfen sie ihr Laub nicht vollständig ab und wachsen langsam weiter. Das Bewässern und die Zufuhr von Nährstoffen müssen auf ein Minimum herabgesetzt werden. Kübelpflanzen, die ihren Standort im Garten haben, müssen für die Wintermonate ins Gewächshaus oder in einen geeigneten Raum im Haus umziehen, damit sie nicht eingehen. Frostempfindliche Sorten, die direkt im Garten gepflanzt wurden, sollten ausgegraben und in Gefäße eingesetzt werden. Die Triebe großer Pflanzen können auf etwa ein Drittel zurückgeschnitten werden. Der Schnitt hilft nicht nur, den Umfang zu reduzieren und dadurch mehr Platz zu schaffen; auch das weiche Holz der Triebspitzen wird dabei entfernt, das den Winter nicht überleben würde.

Haben Sie nur ein kleines Gewächshaus oder begrenzten Platz im Haus, dann setzen Sie im Spätsommer Stecklinge ein. So können viel mehr Exemplare im gleichen Raum den Winter verbringen. Sie werden überrascht sein, wie viele die kalte Jahreszeit überleben. Wenn bestimmte Sorten Jahr für Jahr den Winter gut überstehen, werden sie manchmal als winterhart angesehen.

Pflanzen wie auf diesem Bild müssen vor Frosteinwirkung geschützt werden, sonst werden sie kaum überleben. Das bedeutet, dass sie im Winter in ein beheiztes Gewächshaus oder in einen Raum im Haus umziehen müssen.

Das Erwärmen eines Gewächshauses auf 10 °C kann teuer werden, so dass Sie vielleicht die Temperatur reduzieren. Stellen Sie die Heizung auf 5 °C, also auf jeden Fall höher als der Gefrierpunkt, um bei einem Fehler etwas Spielraum zu haben. Wenn der Winter näher rückt und diese Mindesttemperatur erreicht wird, sollten die Wurzelballen trockener gehalten werden, aber lassen Sie sie nicht völlig austrocknen. Jetzt verlieren die Pflanzen allmählich die Blätter und kommen zur Ruhe. Wie viel Wasser die Pflanzen in dieser Zeit wirklich benötigen, ist ein Erfahrungswert und lässt sich nicht genau angeben.

Pflanzen können hauptsächlich aus zwei Gründen eingehen. Meistens ist der Frost schuld. Viele Heizungssysteme in Gewächshäusern funktionieren am Tag wunderbar, versagen aber in wirklich kalten Nächten.

Entscheiden Sie sich daher für die beste Heizung, die Sie bekommen; sie sollte auf jeden Fall über einen Thermostat reguliert werden. Aber überprüfen Sie die Funktion, indem Sie zusätzlich ein Maximum-Minimum-Thermometer verwenden.

Die zweithäufigste Ursache für das Absterben von Pflanzen ist Dehydrierung, also Wasserentzug, das heißt, der Wurzelballen bleibt über einen längeren Zeitraum völlig ausgetrocknet.

Leider gehen einige Gewächse ein, auch wenn Sie alles richtig gemacht haben. Niemand kann den absoluten Erfolg garantieren, aber wenn eine große Zahl der Fuchsien nicht überlebt, liegt die Ursache wahrscheinlich in einem der beiden oben genannten Faktoren.

Auch wenn Sie kein beheizbares Gewächshaus besitzen, können Sie ihre Fuchsien erfolgreich überwintern. Die folgende Methode basiert auf der isolierenden Wirkung von Torf, der die Pflanzen vor dem Erfrieren bewahrt. Lassen Sie Ihre Fuchsien so lange wie möglich weiter wachsen, aber holen Sie sie vor dem ersten Frost aus den Töpfen heraus oder graben Sie sie aus dem Gartenbeet. Alle Blätter, die sich noch an den Pflanzen befinden, müssen entfernt werden; außerdem werden zwei Drittel eines jeden Triebs mit einer scharfen Gartenschere abgeschnitten. Falls nötig, kann die Erde an den Wurzeln teilweise oder gänzlich abgeschüttelt werden. Die Fuchsien werden dann zusammengebunden und im Gewächshaus auf den Boden – ob aus Beton oder trockener Erde ist egal – gelegt. Als Nächstes kommt eine Lage aus Torf darauf, die mindestens 15 cm dick ist. Wenn Sie das Ganze noch mit alten Jutesäcken abdecken, ist ein guter Schutz gewährleistet.

Der Torf sollte nicht nass, aber auch nicht völlig ausgetrocknet sein. Bei nassem Material faulen die Pflanzen, ist es zu trocken, entzieht es ihnen das Wasser, und sie sterben ab. Prüfen Sie den Torf, indem Sie versuchen, das Wasser auszudrücken; ist dies möglich, enthält er eindeutig zu viel Nässe; tritt dabei kein Wasser aus, lässt sich der Torf aber zu einer Kugel formen, ist er immer noch zu feucht. Werfen Sie etwas Torf in die Luft. Werden winzige Teilchen vom Wind fortgetragen, ist er viel zu trocken. Lässt er sich aber auf den Pflanzen verteilen, ohne Klumpen zu bilden, dann hat er gerade die richtige Konsistenz.

Sollte der ausgesuchte Platz im Winter nässegefährdet sein, sollten die Fuchsien ein erhöhtes Lager bekommen, denken Sie aber daran, dass sie dann eine dicke Torfschicht auch als Unterlage benötigen. Große Exemplare, etwa Hochstämme, können ebenfalls auf diese Weise überwintert werden. Mit einigen Verlusten sollten Sie aber rechnen, da diese Art zu überwintern nicht immer gelingt. Manche Züchter heben im Garten ein großes Loch aus und graben die Fuchsien dort ein, um sie so über den Winter zu bringen. Auch mit dieser Methode überlebt eine überraschend hohe Zahl.

Sobald es im Frühjahr wärmer wird, sollte man die Pflanzen vom Torf befreien und in kleinstmögliche Töpfe einsetzen. Zum Schutz können sie in kalten Nächten mit altem Zeitungspapier bedeckt werden. Beginnen sie zu wachsen, werden sie wie sonst behandelt.

Wenn Sie im Winterquartier nur begrenzt Platz haben, sollten die Pflanzen vor dem Transport zurückgeschnitten werden. Die Abbildung oben zeigt die Pflanze von Seite 36, nachdem von jedem Trieb etwa zwei Drittel abgeschnitten wurden. Achten Sie darauf, dass der Rückschnitt die Pflanze für den Austrieb im nächsten Jahr in Form bringt.

Ein wichtiger Punkt ist die Wahl der Heizung. Das Problem bei Ölöfen ist, dass sie oft die Abgase in das Gewächshaus leiten. Dazu kommt – bei Heizöl wie bei Flaschengas – dass beim Verbrennen viel Wasser entsteht. Dadurch wird die Luft feucht, was die Entstehung von Pilzkrankheiten fördert. Bei unsachgemäßer Wartung oder – noch wahrscheinlicher – Sauerstoffmangel kann es bei Ölheizungen zu Rußbildung im Gewächshaus kommen. In diesem Fall sollten Sie im Gewächshaus in irgendeiner Weise für Frischluftzufuhr sorgen. Vielleicht müssen Sie eine Lüftungsklappe gerade so weit öffnen, dass kaum Luft eintritt, aber die Feuchtigkeit entweichen kann.

Teurere Öfen haben eine Hitzeaustauschvorrichtung, so dass die Verbrennungsgase durch ein Abzugsrohr ins Freie geleitet werden. Kohleöfen müssen ein Abzugsrohr besitzen, da die Verbrennungsgase giftig sind.

Elektroheizungen sind relativ günstig und sparsam. Doch Strom und Wasser stellen eine gefährliche Kombination dar; deshalb sollte die Anlage im Gewächshaus von einem Fachmann installiert werden. Leider können die Installationskosten sehr hoch sein, aber wenn man in diesem Fall auf einen fachgerechten Einbau verzichtet, hat man mit Sicherheit an falscher Stelle gespart! Allgemein betrachtet, ist die elektrische Heizmethode die bequemste und wirksamste Art. Sie brauchen nur einen Schalter zu knipsen, und die Heizung läuft; ein Thermostat sorgt dafür, dass keine Wärme verloren geht. Ein weiterer großer Vorteil von Elektroheizungen ist, dass kein Wasser in die Luft abgegeben wird. Auf diese Weise setzt die Temperaturerhöhung die relative Luftfeuchtigkeit herab. Im Winter kann man so der Entstehung von Pilzkrankheiten wie Grauschimmel vorbeugen. Die meisten Gewächshäuser haben einen Ventilator, der die Luft umwälzt und damit ebenfalls Krankheiten verhindert. Alle beheizten Gewächshäuser sollten gut isoliert sein, damit nicht zuviel Wärme verloren geht. Dazu können Sie an den Innenseiten eine durchsichtige Kunststofffolie anbringen. Wenn mit Holz gebaut wurde, kann man die Innenseite mit dünnen Polyäthylenlagen auskleiden.

Gewächshäuser aus Metall werden ähnlich ausgekleidet. Befestigt wird das Ganze mit Kunstoffklammern in den Vertiefungen auf den Streben der Verglasung. Machen Sie das Ganze nicht luftdicht, sondern denken Sie daran, dass jederzeit genügend Frischluft einströmen muss. Eine weitere Isolationsmöglichkeit bietet Noppenfolie mit Luftpolstern, die man an der Innen- oder Außenseite anbringen kann.

Rechte Seite: 'Fuchsiade 88'. Diese schöne Pflanze, die ursprünglich als eine frostempfindliche Sorte eingeführt wurde, hat sich als winterhart erwiesen. Sie hat im Garten des Autors bereits drei Winter überlebt und bringt bereits Anfang Juli Blüten hervor.

Unten: 'Mood Indigo' ist eine neuere Sorte von De Graaff in den Niederlanden. Sie ist kräftig, reich verzweigt und hängend.

Fuchsien im Garten

Sobald im Frühjahr keine Frostgefahr mehr besteht, können alle Fuchsien im Garten gepflanzt werden. Einige Pflanzen überleben sogar den strengsten Winter und können als Zierstrauch dauerhaft im Freien bleiben. In sehr kalten Regionen sterben die Pflanzenteile über dem Boden vollständig ab, und im Frühjahr bildet die Fuchsie unter dem Boden neue Triebe aus. In wärmeren Gebieten überleben auch die oberen Teile den Winter, und die Pflanze wird jedes Jahr größer. In milderen Bereichen an der schottischen Küste und in Irland kann man sogar Hecken aus wild wachsenden Fuchsien finden.

Damit Fuchsien, die dauerhaft im Garten leben, auch wirklich gut gedeihen, müssen Sie zunächst die richtigen Sorten auswählen (eine Liste empfehlenswerter Pflanzen finden Sie auf Seite 121). Es ist auch wichtig, winterharte Fuchsien auf die richtige Art und Weise und zum richtigen Zeitpunkt einzupflanzen. Die neuen Triebe werden nämlich aus den alten gebildet und nicht aus den Wurzeln. Deshalb ist es von größter Bedeutung, dass die Pflanzen recht tief eingesetzt werden. Am besten hebt man eine Pflanzgrube aus und mengt der Erde Kompost

bei. Jede Fuchsie wird in eine flache, etwa 10 cm tiefe Mulde mit einem Durchmesser von rund 30 cm gepflanzt. Der Erdballen sollte in einer Vertiefung von 2,5 cm unterhalb der Mulde platziert werden. Diese wird im Laufe des Sommers nach und nach vollständig mit Erde aufgefüllt, so dass die Erdhöhe schließlich der des umgebenden Bodens angeglichen ist. Auf diese Weise sollten sich mindestens 10–13 cm der Triebe geschützt unter der Erdoberfläche befinden. Zusätzlich kann der Boden um den Pflanzengrund vor dem Kälteeinbruch mit einer Torfschicht oder mit getrocknetem Farnkraut abgedeckt werden.

In unseren Breiten ist Ende Mai die beste Pflanzzeit für neue winterharte Fuchsien, denn jetzt ist die Gefahr von Nachtfrösten vorbei. So früh gepflanzt haben sie den ganzen Sommer Zeit, um zu wachsen und ein starkes Wurzelsystem zu bilden, bevor der erste Winter kommt. Pflanzen Sie bewurzelte Stecklinge nicht direkt ins Freie, sondern lassen Sie die jungen Pflanzen so lange im Gefäß wachsen, bis sie mindestens 12 cm-Töpfe völlig durchwurzelt haben und mehrere Triebe besitzen. Damit werden die Chancen, dass sie überleben, größer. Denken sie auch daran, dass Fuchsien, die im Gewächshaus kultiviert wurden, allmählich abgehärtet werden sollten, bevor sie endgültig in den Garten umziehen.

Die Pflanzen müssen die ganze Zeit ausreichend bewässert werden und einen Standort bekommen, an dem sie täglich einige Stunden direktem Sonnenlicht ausgesetzt sind. Die Bodenart ist nicht so entscheidend, aber die Erde darf im Winter keine Staunässe aufweisen und im Sommer nicht schnell austrocknen. Diese Bedingungen gelten auch für Hecken, wobei der Abstand zwischen jeder Pflanze 60–120 cm beträgt, je nach der Fuchsiensorte, die Sie ausgesucht haben.

Fuchsien zählen zu den wenigen blühenden Sträuchern, die bei feuchtem Wetter besser gedeihen als bei trockenem. Im Nordwesten Europas beginnen Fuchsien, die im Freien wachsen, bereits im Juli zu blühen und bringen bis zum ersten strengen Frost Blüten hervor. Bei milderen Klimaten, wo die Triebe im Winter weiterwachsen und von Jahr zu Jahr länger werden, brauchen die Pflanzen einen Schnitt, damit ihr Umfang nicht überdimensionale Maße annimmt. Außerdem ver-

Hier können Sie verschiedene Fuchsien, die zu Hochstämmen erzogen wurden und die in großen Gefäßen wachsen, erkennen. Sie eignen sich zum Verschönern von Terrassen, vor allem, wenn diese von nicht blühenden Gewächsen wie Koniferen umsäumt ist.

Oben: Fuchsien, die man dauerhaft im Garten halten möchte, sollten in eine flache Mulde eingesetzt werden, die dann im Laufe des Sommers langsam mit Erde aufgefüllt wird.

holzen sie an der Basis, wenn sie zum Sommeranfang nicht zurückgeschnitten werden.

Ausgewachsene Fuchsien können einen Rückschnitt auf 5–10 cm über dem Boden vertragen. In kalten Regionen sterben die oberen Triebe weitgehend von selbst ab, so dass nur noch totes Holz entfernt werden muss. Erledigen Sie diese Arbeit im Frühjahr, nachdem die ersten neuen Triebe bereits erschienen sind, denn sonst könnten auch Triebknospen abgeschnitten werden. Schneiden Sie das alte Holzgerüst nicht vollständig ab, sondern lassen Sie etwa 10–13 cm über dem Boden stehen. Es gibt den neuen Trieben zusätzlichen Halt und Schutz. Fuchsien, die eine Hecke bilden, können Sie wie allein stehende Büsche behandeln.

Der Grund, warum manche Fuchsien im Garten mehr Kälte vertragen als andere, ist noch nicht ganz geklärt. Zum Teil ist diese Eigenschaft ein Erbmerkmal, da die Arten, von denen diese Sorten stammen, ursprünglich in kalten Klimaten beheimatet sind. Aber Faktoren wie ein kräftiger Wuchs spielen dabei ebenfalls eine Rolle. Manche Pflanzen gedeihen wieder üppig und bilden große, reich blühende Sträucher, nachdem im Winter der oberirdische Teil vollständig abgestorben ist. Andere überleben zwar den Frost, haben aber später nicht genügend Kraft, um sich zu einer prächtigen Pflanze zu entwickeln.

Die Sorte 'Tom Thumb' und ihre Spielarten sind insofern interessant, da sie sehr niedrig sind und im Vergleich zu hohen Fuchsien wie 'Riccartonii' nicht gerade als starkwüchsig bezeichnet werden können. Trotz dieses scheinbaren Nachteils zählen sie zu den Sorten, die am meisten Kälte vertragen. Das Geheimnis ihres Erfolgs scheint die Fähigkeit zu sein, zahlreiche unterirdische Triebe zu bilden. Jeder dieser Triebe besitzt zahlreiche Triebknospen. So entwickeln sich im Frühjahr so viele neue Triebe, dass das üppige Laub, das diese bedeckt, der Pflanze hilft sich von den Schäden des Winters völlig zu erholen.

Rechts: Eine kleine Sammlung von Fuchsien, die zum Überwintern im Gewächshaus aufgestellt wurden.

Vermehrung

Ich werde oft gefragt, wann die beste Zeit für Stecklingsvermehrung bei Fuchsien sei. Diese Frage ist nicht ganz einfach zu beantworten, da dieser Zeitpunkt individuell verschieden sein kann. Wenn Sie zum Beispiel in einem anderen Garten im Spätsommer die Pracht einer herrlich blühenden Fuchsie bewundern und Stecklinge aus dieser Pflanze haben wollen, dann ist bestimmt die richtige Zeit dafür! Wenn Sie aber eine Fuchsie kultivieren möchten, die im nächsten Hochsommer an einer Ausstellung teilnehmen und noch in einen 10 cm-Topf passen soll, dann müssen Sie mit der Vermehrung bereits im Vorfrühling beginnen, und zwar bei künstlicher Wärme. Ist der Topfdurchmesser dagegen nicht vorgegeben, dann müssen Sie sich ein Jahr früher an die Arbeit machen, denn ein gutes großes Exemplar siegt immer über eine gute kleine Pflanze. Sie sehen also, die beste Zeit für die Vermehrung hängt von den individuellen Wünschen, Umständen und Möglichkeiten ab. Ein guter Fuchsienzüchter muss jedoch in der Lage sein, fast zu jeder Zeit Stecklinge zu ziehen.

Rechts: 'Brookwood Belle'. Sie zählt zu den besten Sorten mit rot-weißen Blüten, die sich leicht zu einem Busch oder Hochstamm erziehen lassen. Da sie sehr üppig blüht, ist hier die beste Vermehrungszeit der Vorfrühling, bevor die Blütenknospen gebildet werden.

Hieße die Frage, wann sich die Stecklinge am einfachsten ziehen lassen, dann wäre die Antwort klar: im Frühjahr, wenn die neuen Triebe länger als 2,5–5 cm sind und bevor die Blütenknospen erscheinen. Der genaue Zeitpunkt hängt davon ab, wo Sie leben und welche Temperaturen in Ihrem Gewächshaus herrschen. Wurden die Fuchsien in einem warmen Wintergarten überwintert, kann es bereits im Januar so weit sein. Haben sie jedoch den Winter mit Torf bedeckt verbracht, wird wahrscheinlich Ende April die richtige Zeit für Stecklinge sein.

Stecklinge, die in dieser Phase gesetzt werden, befinden sich im Wachstum und bilden sehr leicht Wurzeln. Wenn die Knospen bereits erschienen sind, dauert die Bewurzelung der Stecklinge viel länger und gelingt nicht immer.

Sogar in einem Gewächshaus, das auf 10 °C geheizt wird, würde sich der Bewurzelungsvorgang etwas hinauszögern, wenn Sie keinen beheizten Vermehrungskasten besitzen, in dem eine Temperatur von 18 °C erreicht werden kann. Um bei der Stecklingsvermehrung den größtmöglichen Erfolg zu erzielen, sollten Sie solche

Vermehrungskästen verwenden. Im Handel erhältliche Produkte sind nicht teuer und sorgen für gute Ergebnisse.

Die Vermehrungskästen müssen beheizbar und die Wärme sollte genau regulierbar sein. Elektrisch beheizte Modelle sind sehr vorteilhaft, benötigen aber einen Anschluss im Gewächshaus, der unbedingt vom Fachmann installiert werden sollte. Auch die Luftfeuchtigkeit muss regulierbar sein. Deshalb haben die Vermehrungskästen in der Regel große, durchsichtige Kunststoffhauben, mit denen die Pflänzchen abgedeckt werden. Gut sortierte Gartencenter führen Modelle mit elektrischen Heizkabeln, die in einer etwa 10 cm dicken Schicht von gewaschenem Sand eingebettet sind. Die Oberfläche ist mit einer Plastikfolie abgedeckt, und die Temperatur im Innern wird durch einen Thermostat reguliert. Die Kabel, der Thermostat und der Transformator sind speziell für Gewächshäuser konzipiert. Sie sind in der Anwendung daher sehr sicher; sollten jedoch Zweifel herrschen, wenden Sie sich an einen Fachmann.

Vorhergehende Seite, unten: Eine beheizbare Vermehrungsanlage, die durch einen Thermostat reguliert wird. Man erkennt eine Bewässerungsdüse, die die Stecklinge regelmäßig mit Wasser besprüht.

Links: Hier erfolgt die Wasserversorgung durch Kapillarwirkung. Das Wasser wird aus der Schale auf der linken Seite nachgesaugt. Bei einigen Stecklingen wird die Luftfeuchtigkeit durch Abdecken erhöht.

Vermehrung aus Frühjahrsstecklingen

Bei dieser Methode werden die neuen Triebe, die im Frühjahr erscheinen, als weiche Kopfstecklinge verwendet, und zwar bevor irgendwelche Anzeichen für Blütenbildung zu erkennen sind. Die besten Stecklinge erhält man von den Pflanzen, die im Winter völlige Ruhe hatten. Unter den normalen Bedingungen, die in unseren Breiten herrschen, werden die ersten Triebe bei den Gewächshauspflanzen Ende Februar oder im März erscheinen, je nachdem, welche Temperatur eingestellt ist. Sobald der neue Austrieb der Mutterpflanze etwa 2,5–5 cm lang ist und vier Blattpaare umfasst, wird der Steckling mit einer scharfen, möglichst desinfizierten Klinge unter dem dritten Blattpaar abgenommen. Das unterste Blattpaar wird der Mutterpflanze belassen, damit sie ihre Form nicht verliert. Stecklinge brauchen kaum Vorbehandlung, bevor sie eingepflanzt werden. Blätter, die sich im unteren Bereich von etwa 1,5 cm befinden, müssen entfernt werden. Vor dem Einsetzen der Stecklinge ist es wichtig, diese nicht verwelken zu lassen. Sollte warmes Wetter Probleme bereiten, kann man sie in einem mit Wasser gefüllten Eimer aufbewahren, bis sie eingepflanzt werden können.

Da diese Stecklinge rasch Wurzeln bilden, ist der Einsatz von Bewurzelungsmitteln nicht unbedingt notwendig, aber empfehlenswert, zumal einige Produkte Fungizide enthalten, die die Stecklinge vor Fäulnis schützen.

Manche Bewurzelungshormone werden in verschiedenen Konzentrationen hergestellt, deshalb sollten Sie das richtige Produkt für Stecklinge mit weichem Holz auswählen. Falls Sie die Stecklinge vor dem Einpflanzen ins Wasser gelegt haben, müssen die Schnittstellen mit einem saugfähigen Papier abgetrocknet werden, bevor man sie in ein Hormonpräparat eintaucht. Anschließend können die Pflänzchen eingetopft werden.

Die Stecklinge bilden in verschiedenen Vermehrungssubstraten Wurzeln – zum Beispiel in der bereits

Links: Herbststecklinge werden mit einer Bewegung nach unten vom Haupttrieb entfernt.

erwähnten Nullerde, in Perlit, Sand oder Vermiculit. Diese Produkte enthalten jedoch keinerlei Nährstoffe, so dass die Stecklinge umgetopft werden müssen, sobald sie Wurzeln gebildet haben. Sonst wird das Wachstum ernsthaft beeinträchtigt. Am besten eignet sich hierfür ein Substrat aus Sand und Torf, das speziell für die Anzucht aus Samen und für bewurzelte Stecklinge hergestellt wird. Verwenden Sie keine gewöhnliche Garten- oder Einheitserde. Gartenerde enthält Schädlinge und Krankheitserreger; die Düngerkonzentrationen von Einheitserden ist zu hoch und würde die Ausbildung kräftiger Wurzeln hemmen.

Bis zu 40 Stecklinge können in einer herkömmlichen Anzuchtschale bewurzelt werden, noch besser ist es aber, wenn jedes Pflänzchen einen eigenen kleinen Topf bekommt, denn so überstehen sie später das Umtopfen wesentlich besser.

Machen Sie mit einem spitzen Holzstab in das Substrat eine Vertiefung von 1–2 cm, in die dann der Steckling vorsichtig eingesetzt wird. Drücken Sie ihn nicht fest, sonst wird das Gewebe verletzt.

Wenn alle Stecklinge eingepflanzt sind, werden sie ausreichend bewässert und sofort in einen Vermehrungskasten gestellt, in dem eine Bodenwärme zwischen 16 und 18 °C herrschen sollte. Die Lufttemperatur darf niedriger sein. Achten Sie darauf, dass die Belüftungsöffnungen am Deckel geschlossen sind, damit ein Maximum an Feuchtigkeit entsteht.

Sollten Sie nur einige wenige Stecklinge ziehen, können Sie diese ohne weiteres zusammen in einem kleinen Topf oder in einer Multitopfplatte mit mehreren Töpfchen bewurzeln lassen. Die Stecklinge werden mit einem durchsichtigen Plastikbeutel abgedeckt, um die Feuchtigkeit zu erhalten. Die kleinen Pflanzen dürfen nirgends anstoßen, deshalb sollte die Plastikfolie mit Draht oder Stäbchen, die man seitlich in die Töpfe steckt, gestützt werden. Wenn Sie den Stecklingen eine konstante Temperatur von etwa 18 °C bieten können, werden sie sich genauso gut entwickeln wie in einem gekauften Vermehrungskasten.

Ein Minigewächshaus sollte die erforderliche Mindesttemperatur unbedingt einhalten können. Ist die Temperatur zu hoch, muss sie manuell gesenkt werden, indem die ganze Anlage mit Papier oder dickem Stoff schattiert wird. Entfernen Sie auf keinen Fall die Abdeckhaube, sonst geht die lebenswichtige Feuchtigkeit verloren. Die frisch gepflanzten Stecklinge dürfen nicht dem direkten oder indirekten Sonnenlicht ausgesetzt werden, denn sie würden verbrennen. Denken Sie daran, wie heiß es im Inneren eines Autos ist, das länger in der Sonne stand!

In der Zeit, in der die Stecklinge Wurzeln bilden, sollten sie täglich kontrolliert werden. Entdeckt man Anzeichen von Fäule oder Grauschimmel, müssen alle befallenen Blätter entfernt und die Belüftungsklappen leicht geöffnet werden.

Nach etwa 10 Tagen beginnen Frühlingsstecklinge, Wurzeln zu schlagen. Man kann dies an den prallen und saftig glänzenden Triebspitzen erkennen.

Jetzt können die Belüftungsklappen vollständig geöffnet werden, oder man lockert die Plastikfolie bzw. den Kunststoffbeutel, damit frische Luft eindringen kann. Nach einigen Tagen wird die Abdeckhaube ganz entfernt. Sollte es draußen jedoch sehr warm werden, empfiehlt es sich, den Deckel oder die Plastikfolie wieder anzubringen, damit die Pflänzchen nicht welken.

Rechts: Ein Steckling, der bereit ist zum Pflanzen. Frühjahrs- und Sommerstecklinge sehen sich äußerlich ähnlich, aber ein Sommersteckling sollte, wie hier gezeigt, direkt unterhalb eines Blattknotens geschnitten werden.

Vermehrung aus Sommerstecklingen

Nachdem das neue Frühjahrswachstum weiter fortgeschritten ist, beginnen die Fuchsien im Frühsommer, Blütenknospen zu bilden. Obwohl das Bewurzeln jetzt schwieriger wird, müssen viele Züchter ihre Stecklinge zu diesem Zeitpunkt abnehmen. Nicht nur die Qualität der Stecklinge ist herabgesetzt, sondern es ist auch schwer, den Vermehrungskasten unter dem empfohlenen Temperaturmaximum von 26 °C zu halten. In diesem Fall sind Maßnahmen zur Schattierung notwendig.

Die Stecklinge werden den Triebspitzen entnommen. Wählen Sie solche mit kräftigem Wuchs, aber ohne Knospen aus. Die Triebe sollten mit einem scharfen Messer oder einer Klinge gerade oberhalb eines Blattknotens geschnitten werden. So bleiben an der Mutterpflanze keine Gewebereste, die bei kühlem und feuchtem Wetter zu faulen beginnen. Die unteren Blätter sowie eventuell vorhandene Blütenknospen an den Stecklingen werden vor dem Einpflanzen vorsichtig entfernt.

Die Stecklinge sollten länger als die im Frühjahr entnommenen sein – etwa 5–7,5 cm von der Spitze bis zur Schnittstelle. Sie sollten gerade unterhalb eines Blattknotens geschnitten werden, denn hier liegen die Wuchsstoffe, die die Wurzelbildung fördern, in höchster Konzentration vor. Durch Eintauchen der Schnittstelle in handelsübliche Hormonpräparate lässt sich die Bewurzelung der Stecklinge fördern.

Das Pflanzen und die Weiterbehandlung erfolgt in gleicher Weise wie bei den Frühlingsstecklingen. Aber während der Wurzelbildung können sich bereits angelegte Blütenknospen rasch – noch vor den Wurzeln – entwickeln und sollten daher unbedingt entfernt werden, wenn sie groß genug zum Anfassen sind. Sommerstecklinge benötigen mindestens 14 Tage, bis sie Wurzeln schlagen, und die Verluste am Ende werden höher liegen als bei Stecklingen, die im Frühjahr geschnitten wurden.

Die frisch bewurzelten Stecklinge können auch von Zeit zu Zeit mit entkalktem Wasser besprüht werden. Sobald sie sich an der frischen Luft wohl fühlen, sollten sie für einige Tage einen helleren Standort bekommen, bevor man sie ein- bzw. umtopft, wie es im vorigen Kapitel beschrieben wurde.

Normalerweise gibt es bei der Bewurzelung der verschiedenen Sorten kaum Unterschiede, aber bei manchen, wie zum Beispiel 'Texas Longhorn', können Schwierigkeiten auftreten. Sollten Sie Probleme beim Bewurzeln von Stecklingen haben, liegt es wahrscheinlich eher an deren Qualität als an Fehlern Ihrerseits.

Ein Hauptmerkmal, das einen Einfluss auf die Bewurzelung hat, ist der Wachstumsstand der Mutterpflanze zum Zeitpunkt der Abnahme der Stecklinge. Schnellwüchsige Fuchsien bilden frische und weiche Stecklinge, die rasch Wurzeln bilden. Pflanzen, die in der Blüte stehen oder wenig bewässert bzw. schlecht ernährt sind, liefern härtere, holzige Stecklinge, die langsamer bewurzeln und von denen viele eingehen.

Sommerstecklinge tragen häufig bereits Knospen, die vor dem Einpflanzen entfernt werden müssen. Sie werden der Mutterpflanze direkt über einem Blattknoten entnommen, um keine schadhafte Stelle zu hinterlassen. Alle unteren Blätter werden bis unterhalb eines Blattknotens entfernt.

Vermehrung aus Herbststecklingen

Herbststecklinge werden am besten im Spätsommer oder im Frühherbst, lange vor dem ersten Frost, entnommen. Die Vorgehensweise unterscheidet sich nur wenig von den bereits für Frühjahrs- und Sommerstecklinge beschriebenen Methoden. Statt die Triebspitzen abzuschneiden, werden halbreife Seitentriebe vorsichtig von der Mutterpflanze abgerissen. Triebe von 10–15 cm Länge eignen sich dafür sehr gut und sind etwas unterhalb der Spitze des Haupttriebes zu finden. Beim Abreißen der Seitentriebe bleibt etwa ein 1 cm langes Stückchen von der Rinde daran – die so genannte Rindenzunge. Sollte diese Zunge zu lang sein, muss sie gekürzt werden.

Die unteren zwei Blattpaare sollten ebenfalls entfernt werden. Nach dem Eintauchen in ein Bewurzelungspulver werden die Stecklinge in einer Tiefe von 2,5–5 cm ins Substrat gesteckt. Nach ausgiebigem Bewässern werden die Pflänzchen wie Frühjahrs- und Sommerstecklinge weiterbehandelt. Nach etwa 14 Tagen können die Belüftungsklappen des Vermehrungskastens geöffnet werden, oder die Kunststoffabdeckung wird gelockert, auch wenn die Stecklinge noch keine Wurzeln gebildet haben sollten. Entfernen Sie die Abdeckhaube nach einigen Tagen komplett. Meistens dauert es ziemlich lange, bis diese Stecklinge Wurzeln geschlagen haben, und oft werfen sie ihre Blätter ab, wenn die kalte Jahreszeit näher rückt. Sollten die Blätter abfallen, versuchen Sie, die Pflänzchen bei einer Temperatur von etwa 10 °C zu lagern. Lassen sie das Substrat nicht völlig austrocknen. Auch wenn die Stecklinge zu diesem Zeitpunkt noch keine Wurzeln haben, werden Sie nicht ungeduldig und werfen Sie nicht voreilig die scheinbar misslungenen Exemplare weg. Die Wurzeln entwickeln sich oft erst im Frühjahr, wenn die ersten neuen Blätter erscheinen.

Linke Seite: An diesen Stecklingen kann man eindeutig die so genannten Rindenzungen erkennen, die beim Reißen der Seitentriebe von der Mutterpflanze entstehen. Die dünnste Stelle an der Spitze der Rindenzunge sollte vor dem Pflanzen abgeschnitten werden.

Rechts: Von 'Leonora', einer Sorte mit einfachen Blüten, stammt die gefüllt blühende Spielart 'Hampshire Leonora' (Abbildung Seite 50).

Spielarten und Mutationen

Manchmal geschieht während der Embryonalphase mit einer Triebknospe etwas, was zur Veränderung der Merkmale führt. Beispielsweise haben die Blüten eine andere Farbe, oder sie sind gefüllt statt einfach bzw. umgekehrt; sogar panaschierte Laubblätter können auftreten. Warum es dazu kommt, ist bis jetzt nicht völlig geklärt. Schädigungen durch Insekten, durch Strahlung oder natürliche chemische Substanzen wie Colchicin können solche Mutationen hervorrufen. In manchen Forschungsinstituten werden Mutationen oder Spielarten, wie die veränderten Formen oft genannt werden, absichtlich herbeigeführt, um neue Sorten kommerziell vertreiben zu können.

Sollten Sie eine Mutation entdecken, die es wert ist, weiter kultiviert zu werden, schneiden Sie einige der normalen Triebe ab, damit der veränderte Trieb schneller

Links: 'Cardinal Farges' ist eine Spielart von 'Abbé Farges' und bringt rot-weiße Blüten hervor.

Rechts: 'Hampshire Leonora' ist eine gefüllte Spielart von 'Leonora'.

Unten: 'Abbé Farges'.

wächst. Wenn er lang genug ist, nehmen Sie einen Steckling. Um einem Verlust des veränderten Triebs vorzubeugen, sollte es möglich sein, von der Mutterpflanze weitere Stecklinge zu nehmen. Der Steckling muss die neuen Eigenschaften aufweisen, gelegentlich schlagen diese aber zur ursprünglichen Form zurück. Werfen Sie solche Ableger weg. Die neue Sorte muss ein bis zwei Jahre kultiviert werden und sich bewähren, bevor Sie ihr einen Namen geben.

In diesem Punkt sollten Sie ohnehin Vorsicht walten lassen, denn ihre neue Sorte ist womöglich gar nicht neu, sondern existiert bereits irgendwo auf der Welt. 'Heidi Weiss', 'White Heidi Ann' und 'White Ann' beispielsweise sind identische rot-weiß blühende Spielarten von 'Heidi Ann'. Ihre Spielart könnte auch lediglich eine Rückbildung zur ursprünglichen Elternsorte sein, die wiederum eine bereits bekannte Hybride ist. Wenn Ihre neue Sorte aber einmalig sein sollte, verlangt die Internationale Registerstelle, dass sie unter Bezugnahme auf die Elternsorte benannt wird. Der Name 'Heidi Weiss' etwa ist als Spielart von 'Heidi Ann' erlaubt, doch 'Fritz' Freude' wäre nicht möglich, nur weil sich Fritz über seinen Zuchterfolg freut.

Vermehrung aus Samen

Die Samen können Sie entweder den Beerenfrüchten Ihrer Fuchsien entnehmen oder aber im Fachgeschäft kaufen. Keimfähige Samen sind rund und dick, oft mit einem Durchmesser von weniger als 1 mm. Füllen Sie eine flache Schale mit Aussaatsubstrat. Gute Ergebnisse liefert die Mischung aus handelsüblicher Einheitserde und einem Drittel scharfem Sand oder Perlit. Anschließend wird die Erde ausreichend bewässert. Legen Sie die Samen einzeln im Abstand von etwa 3 cm aus und sieben Sie sie eine hauchdünne Schicht Substrat darüber. Das Saatgefäß wird in einen Plastikbeutel gegeben oder mit einer Abdeckhaube aus Glas versehen. Da Fuchsien Dunkelkeimer sind, wird das Ganze mit Papier abgedeckt, damit die Samen kein Licht bekommen. Stellen Sie das Gefäß bei 16 bis 20 °C auf spezielle Wärmematten oder platzieren Sie es über einem Heizkörper. Die Samen beginnen in der Regel innerhalb von 14 Tagen zu keimen.

Sobald die ersten grünen Spitzen erscheinen, nimmt man das Papier weg. Wenn alle Samen ausgekeimt sind, wird vorsichtig gelüftet, indem man die Abdeckhaube zunächst stundenweise abnimmt, später ganz entfernt. Erwarten Sie aber nicht, dass alle Samen aufgehen; die durchschnittliche Keimrate liegt bei etwa 30%. Wenn die Sämlinge groß genug sind und schon mehrere Blätter haben, werden sie vorsichtig einzeln herausgenommen und in kleine Töpfchen pikiert. Samen, die im Vorfrühling ausgelegt wurden, entwickeln sich zu Pflanzen, die ab dem Hochsommer Blüten hervorbringen.

Gekaufte Samen werden gewöhnlich als gemischte Sorte beschrieben. Sie werden ausgesuchten Mutterpflanzen entnommen, die von allein Samen produzieren. Die Bestäubung wurde hier mit Sicherheit nicht künstlich durchgeführt, so dass die Farben nicht vorhersehbar sind. Im allgemeinen erhalten Sie Fuchsien, die gefüllte und einfache Blüten in verschiedenen hübschen Farben bilden. Unter den in diesem Buch beschriebenen Sorten gibt es nur ganz wenige, die sich aus Samen kultivieren lassen. Bevor bei dieser Anzuchtmethode weitere Fortschritte erzielt worden sind, sollte man diesen Weg der Kultur vermeiden.

Sie können die Samen auch Ihren eigenen Pflanzen entnehmen. Bienen sorgen oft für eine Kreuzbefruchtung, aber auch durch Selbstbestäubung der Blüten können Sie Samen gewinnen. Wenn die Blüten verwelkt sind, fallen sie ab und hinterlassen Fruchtansätze, die wie kleine grüne Beulen aussehen. Im reifen Zustand sind die Früchte weich und saftig und zeigen eine Farbpalette von hellem Gelbgrün über dunkelrote und violette Töne bis hin zu tiefem Schwarz.

Die reifen Früchte werden vorsichtig an den vier meist von außen erkennbaren Trennwänden mit einer Rasierklinge oder einem scharfen Messer aufgeschnitten oder mit leichtem Druck gequetscht. Man legt alles auf saugfähiges Papier, zum Beispiel Küchenpapier. Wenn der Saft vollständig aufgesogen ist, werden die winzigen im Fruchtfleisch eingebetteten Samen sichtbar. Die Befruchtung in der Kultur weist nicht immer großen Erfolg auf, deshalb kann es vorkommen, dass einige Früchte nur wenige Samen enthalten. Sie werden so bald wie möglich mit der Messerspitze oder einem Zahnstocher aus dem Fruchtfleisch gelöst.

Ein Fuchsienzüchter auf den Kanarischen Inseln erzählte mir einmal, dass in diesem Klima die Samenhülsen vertrocknen, wenn sie reif genug sind, und die Samen freigesetzt werden, indem die Früchte auseinanderbrechen und die Reste weggeblasen werden. In unseren Breiten würden überreife Früchte dagegen verfaulen.

In der Natur entwickeln sich die Samen der verschiedenen Spezies fast immer zu Pflanzen. Es können jedoch Veränderungen der Blütenfarbe oder andere leichte Abweichungen bei den einzelnen Fuchsiensämlingen vorkommen. Botaniker bezeichnen die Nachkommen mit diesen geringen Veränderungen als Varietäten der Arten. Auch Wildhybriden werden gelegentlich entdeckt, was aber sehr selten vorkommt. In Kultur, wo verschiedene Arten aus unterschiedlichsten Gebieten zusammengetragen wurden, besteht die Gefahr, dass es zu einer Kreuzbefruchtung kommt. Deshalb kann man sich bei Samen, die solchen Pflanzen entnommen worden sind, nicht darauf verlassen, dass sie den Arten gleichen, von denen sie stammen. Stecklinge – ob von einer Art, einer Varietät oder einer Sorte – werden sich dagegen immer zum genauen Abbild ihrer Elternpflanzen entwickeln, außer wenn eine Mutation auftritt.

In diesem Stadium beginnt der Kreuzungsvorgang. Man entscheidet sich für eine ungeöffnete oder nur teilweise geöffnete Knospe einer ausgesuchten Mutterpflanze.

Kreuzung

Abgesehen von absichtlich herbeigeführten Mutationen ist die Kreuzung der einzige Weg, um neue Fuchsiensorten zu erhalten. Das Prinzip beruht auf der Übertragung des Pollens aus der Blüte einer Sorte auf die Narbe einer Blüte einer anderen Sorte. Sie können Pollen von einer Art auf die andere, von einer Sorte auf die andere übertragen oder eine Kombination von beidem versuchen. Wenn es auch bei den meisten Sorten funktioniert, wird es in manchen Fällen zur Unverträglichkeit kommen, vor allem zwischen den Arten verschiedener Sektionen der Gattung.

Bevor Sie sich einen Kreuzungsplan zurechtlegen, sollten Sie genau wissen, welches Ziel Sie verfolgen, und die Elternsorten entsprechend auswählen. Sie wollen zum Beispiel eine Fuchsie züchten, die orange und weiß gestreifte Blüten hervorbringt. In diesem Fall versuchen Sie, eine orange blühende Sorte wie 'Orange Drops' mit einer, die gestreifte Blüten trägt wie die rot-weiß blühende Sorte 'Satellite', zu kreuzen. Auch wenn die Genetik nicht das Thema dieses Buches ist, lohnt es sich zu erwähnen, dass nach den genetischen Gesetzen diese Kreuzung nicht gleich in der folgenden Generation zum Ziel führen wird. Ist die erwünschte Eigenschaft rezessiv, ist es notwendig, zwei der Sämlinge aus dieser Kreuzung wieder miteinander zu kreuzen, bevor die Nachkommen beginnen, in der zweiten Generation dieses Merkmal zu zeigen. Aber auch dann haben Sie keine Erfolgsgarantie.

Wenn Sie ein Kreuzung vornehmen wollen, dann entscheiden Sie sich zunächst für eine Mutterpflanze. Auch wenn die Sorte mit Sorgfalt ausgesucht werden sollte, muss sie nicht unbedingt eine Ihrer robustesten Pflanzen sein, darf aber keine Krankheiten haben. Eine Pflanze, die umgetopft werden müsste und etwas verkümmert ist, eignet sich besonders gut. Samen sind sehr widerstandsfähig und können Jahrhunderte überdauern. Pflanzen, die unter widrigen Bedingungen wachsen, scheinen das zu wissen und bringen rasch Blüten hervor, die sehr schnell Samen bilden. Die beste Zeit, um mit dem Kreuzungsvorgang zu beginnen, ist der Spätfrühling oder der Frühsommer, damit die Früchte vor dem Wintereinbruch die Reife erlangen. Haben Sie sich für eine Mutterpflanze entschieden, suchen Sie eine große Knospe aus, die sich gerade öffnet oder kurz davor ist. So haben nämlich die Insekten keine Möglichkeit zur Bestäubung; auf jeden Fall werden die Narbe und die Staubbeutel noch nicht ausgereift sein.

Öffnen Sie die Knospe ganz vorsichtig und schneiden Sie die Staubfäden (die Staubbeutel enthalten den Pollen) mit einer scharfen Schere ab, um einer Selbstbestäubung vorzubeugen. Wiederholen Sie diesen Vorgang an mehreren Blüten. Um eine Fremdbestäubung durch Insekten oder Wind auszuschließen wird die Narbe mit einem Stück Alufolie oder einem Beutelchen aus luftdurchlässigem Stoff umhüllt. Zu diesem Zeitpunkt ist die Narbe nicht aufnahmefähig, aber innerhalb der nächsten zwei Tage ist es dann so weit, dass man die Bestäubung vornehmen kann. Deshalb sollte die Umhüllung jeden Tag abgenommen werden, um den Zustand der Narbe zu überprüfen. Ist die Narbe feucht, klebrig und etwas glänzend, hat sie die richtige Reife zur Bestäubung.

Jetzt wird die Narbe mit dem ausgereiften Pollen der Blüte einer Vaterpflanze leicht bestrichen. Manche Züchter schneiden die Staubbeutel ab und streichen sie direkt über die Narbe, während andere den Pollen mit einem Kamelhaarpinsel übertragen.

Der Vorgang sollte einige Male wiederholt werden, bis die Narbe völlig mit Pollen bedeckt ist. An einer nicht ausgereiften Narbe bleibt nicht genug Pollen haften, so dass die Bestäubung am nächsten Tag erneut vorgenommen werden muss. Unmittelbar danach wird der Stoffbeutel wieder angebracht, damit Insekten nicht weiteren Pollen von anderen Sorten auf Ihre Kreuzung übertragen und somit Ihre Arbeit zunichte machen. Nach einer erfolgreichen Befruchtung wird die Narbe nach einigen Tagen langsam absterben; jetzt kann auch das Beutelchen entfernt werden.

Wenn alles nach Wunsch verlaufen ist, geschehen jetzt erstaunliche Dinge: Der Pollen keimt auf der Narbe aus und bildet den Pollenschlauch, der zum Fruchtknoten vordringt, in dem die Eizelle steckt und die Vereinigung der männlichen Geschlechtszelle mit der Eizelle stattfindet. In Anbetracht der winzigen Größe eines Pollenkorns

Kreuzung

1) Die Knospe wird vorsichtig mit der Hand geöffnet, um die noch nicht ausgereiften Fortpflanzungsorgane der Blüte freizulegen.

2) Alle Staubbeutel, die den Pollen tragen, werden mit einer scharfen Schere abgeschnitten. Die Narbe wird mit einem Stoffbeutelchen umkleidet.

3) Ist die Narbe reif genug, wird der Pollen einer ausgesuchten Vaterpflanze mit Hilfe eines Kamelhaarpinsels darauf übertragen.

4) Nach der Bestäubung muss die Blüte erneut von einem luftdurchlässigen Stoffbeutelchen umhüllt werden, um eine unerwünschte Befruchtung durch Insekten zu verhindern.

und des Wegs in den Fruchtknoten, der oft 5 cm lang sein kann, ist dies eine beachtliche Leistung. Die Zeit, die die Frucht zur Reife benötigt, ist unterschiedlich, beträgt aber – ab der Befruchtung gerechnet – in der Regel etwa 10 Wochen. Die meisten Fuchsien haben Früchte, die nicht länger als 15 mm sind, wenn auch die Frucht von *F. procumbens*, einer Art aus Neuseeland, die Größe einer kleinen Pflaume aufweist. Die Samen können den reifen Früchten entnommen und ausgesät werden, wie bereits auf Seite 51 beschrieben wurde.

Sämlinge, die gegenüber den Elternsorten keine Verbesserungen zeigen, sollten nicht benannt werden. Neue Pflanzen sollten auch lange geprüft und mehrere Jahre hintereinander kultiviert werden, bevor man sie einführt. Aus jeder Kreuzung kann eine unterschiedliche Zahl von Sämlingen hervorgehen. Manchmal ist man froh, wenn sich wenigstens einige Pflanzen entwickeln, und in anderen Fällen hat man Hunderte von Pflanzen. Bevor die neuen Fuchsien nicht schon eine Weile geblüht haben und allmählich zeigen, was in ihnen steckt, werden Sie nicht wissen, was Sie gezüchtet haben.

Ich lasse die Sämlinge so lange wachsen, bis sie groß genug sind, um im Frühsommer in ein Versuchsbeet im Freien gepflanzt zu werden. Im Herbst selektiere ich etwa ein halbes Dutzend der viel versprechendsten und werfe den Rest weg. Diese ausgesuchten Pflanzen werden dann weiter kultiviert und noch mindestens zwei Jahre im Gewächshaus vermehrt, bevor man eine endgültige Entscheidung trifft. So wurde die Fuchsie 'Hampshire Treasure', eine Kreuzung zwischen 'Lord Lonsdale' und 'Bicenntenial', aus 126 Sämlingen ausgesucht. Im Zweifelsfall können Sie sich an einen Fuchsienzüchter oder an eine Fuchsien-Gesellschaft wenden.

Wie leicht und wie viele Samen gebildet werden, hängt stark von den einzelnen Sorten ab. Manche bringen ohne Probleme Samen hervor, während bei anderen Fuchsien sehr viel Geduld nötig ist und von Hand bestäubt werden muss, um nur einige Samen zu erhalten. Wenn sie nicht gebraucht werden, sollte man die Früchte entfernen, denn sie unterdrücken die Blütenbildung.

Bevor Sie eine Kreuzung vornehmen, haben Sie vermutlich schon jahrelang Fuchsien kultiviert, unter denen sich Ihre bevorzugten Sorten befinden. Mit diesen Pflanzen sollten die Kreuzungen durchgeführt und alles genau notiert werden. Nach einigen Jahren werden Sie wahrscheinlich herausfinden, dass manche Pflanzen den erwünschten Eigenschaften mehr entsprechen als andere.

Das Geheimnis einer erfolgreichen Kreuzung ist ein über Jahre peinlich genau geführtes Tagebuch, aus dem man in den folgenden Jahren die richtigen Schlussfolgerungen ziehen kann.

Erziehen und Ausstellen

Fuchsien müssen nicht erzogen werden. Sie werden auch so wunderbar gedeihen und blühen. Wenn Ihre Fuchsien jedoch dekorative Formen wie Hochstämme, Säulen oder Fächer zeigen sollen oder wenn Sie wollen, dass Ihre Pflanzen bei Ausstellungen Preise gewinnen, dann müssen Sie sich mit dem folgenden Kapitel eingehender beschäftigen. Manche Formen sind ohne große Mühe zu erziehen, indem man einige Triebe entfernt. Andere wiederum, wie beispielsweise die Pyramidenform, benötigen Jahre.

Die einzelnen Fuchsiensorten weisen unterschiedliche Eigenschaften auf. Manche wachsen langsam, sind fast schwachwüchsig.

Rechts: Hochstämme zählen zu den beliebtesten erzogenen Fuchsienformen. Fußstämmchen können innerhalb eines Jahres ihre endgültige Höhe erreichen, während größere Exemplare wie das hier abgebildete etwa 18 Monate benötigen.

Andere wiederum gedeihen besonders üppig und sollten eher in einem Beet im Gewächshaus als im Gefäß kultiviert werden. Auch die Wuchskraft und die Form der Triebe sind sehr unterschiedlich. 'Preston Guild' zum Beispiel bringt feste und eindeutig aufrechte Triebe hervor, während 'Autumnale' und 'Orange Flare' kräftige Triebe bildet, die beinahe horizontal wachsen. Die schönen Sorten 'Sophisticated Lady' und 'Pink Marshmallow' haben herabhängende Triebe. 'Preston Guild' wäre eine unglückliche Wahl für einen Hängegitterkorb, dürfte aber in der Mitte einer bepflanzten Urne zum Blickfang werden. Zwischen diesen Extremen finden sich zahlreiche Sorten mit allen nur erdenklichen Wuchsformen. Bevor Sie mit der Erziehung einer Pflanze beginnen, sollten Sie deren Vorzüge und Nachteile für eine bestimmte dekorative Form kennen. Sie können die Liste der empfohlenen Sorten auf Seite 120 dabei zu Rate ziehen.

Busch- und Strauchform

Der Busch oder Strauch ist die einfachste Art, Fuchsien zu erziehen. Außerdem stellt er den Ausgangspunkt für die ausgefalleneren Wuchsformen dar. Anfänger sollten mit der Erziehung einer Buschform beginnen, bevor sie sich an die komplizierteren Gestaltungen heranwagen. Benutzen Sie dafür eine aufrecht wachsende Sorte mit festen Trieben. Denken Sie daran, dass einige Sorten zwar einen aufrechten Wuchs haben, aber später unter dem Gewicht der großen Blüten nach unten hängen. Andere Sorten sind reich verzweigt und benötigen kaum Erziehung, während wieder andere beträchtlichen Aufwand benötigen, wenn sie dekorativ aussehen sollen.

Die Erziehung zur Busch- oder Strauchform beginnt in einem sehr frühen Stadium und sollte vorgenommen werden, sobald ein bewurzelter Steckling im Topf etwa vier Paar Blätter aufweist. Die Triebspitze wird mit einer scharfen Rasierklinge abgeschnitten oder mit den Fingern ausgeknipst. Dadurch werden die Augen in den Blattachseln der verbliebenen Blattpaare zu schnellem Austrieb angeregt. Junge Stecklinge mit nur einem Trieb bilden an den Blattachseln bald Seitentriebe, und bereits existierende Triebe werden rasch länger.

Sobald die Seitentriebe vier Paar Blätter haben, wird auch hier die Triebspitze wieder entfernt. Wenn Sie diesen Vorgang einige Male wiederholen, kann sich Ihre Fuchsie zu einem schönen Busch entwickeln. Aussteller entspitzen ihre Fuchsien möglichst häufig an jedem zweiten oder dritten Blattpaar, bis die Blütenknospen wieder gebildet werden dürfen.

Unten: Nach dem Eintopfen werden alle Triebspitzen entweder mit den Fingernägeln ausgeknipst oder mit einer scharfen Rasierklinge abgeschnitten.

Oft müssen die Pflanzen während des Wachstums mit Stäben gestützt werden. Schließlich entwickeln sich an jeder Triebspitze Knospen; je mehr Seitentriebe die Pflanze hervorgebracht hat, um so mehr Blüten erscheinen. Da aber das Entspitzen die Blütenbildung hemmen kann, müssen Sie auf den richtigen Zeitpunkt zwischen der Formgebung und der Blüte achten. Wollen Sie nur eine Zierpflanze für Ihren Garten haben, genügt es, die Fuchsie zwei- bis dreimal zu entspitzen, dann wird sie sich schön buschig entwickeln.

Links: Ein Steckling, der eingetopft wurde und bereits ein kräftiges Wurzelsystem gebildet hat. Wenn drei bis vier Blattpaare gebildet worden sind, beginnt die Erziehung zur Buschform.

Rechts: Wenn die Seitentriebe drei oder vier Blattpaare entwickelt haben, werden sie erneut entspitzt.

Ampel- oder Hängeform

Fuchsien, die in Körben oder Ampeln wachsen, stellen eine etwas speziellere Form der zu Büschen erzogenen Pflanzen dar, die auf Seite 56 beschrieben wurden. Das Ziel einer Hängeform ist, eine Kaskade von Blüten zu bilden, die das Behältnis vollständig bedeckt. Für diesen Zweck werden in der Regel hängende Sorten verwendet. Anders als die in Buschform erzogenen Fuchsien werden die Hängegitterkörbe oder -ampeln nur einmal bepflanzt. Aus diesem Grund sollte das Gefäß einen Durchmesser von mindestens 40 cm haben. Auch muss die Tiefe ausreichend sein, damit der Behälter genug Substrat aufnehmen kann. Die Körbe, die der Fachhandel bietet, sind aus Draht oder Kunststoff.

Die klassischen Hängegitterkörbe werden aus Draht hergestellt, der verzinkt ist oder eine Kunststoffummantelung aufweist, um seine Lebensdauer zu erhöhen. Sie müssen ausgekleidet werden, damit das Substrat nicht durchfallen kann. Man kann hierzu Spagnum-Moos verwenden oder aber Kunststofffolien bzw. spezielle Materialien, die im Gartenfachhandel angeboten werden. Folien haben den Nachteil, dass sie, solange die Pflanze noch nicht groß genug ist, nicht schön aussehen.

Zur Bepflanzung eines Hängegitterkorbs benötigen Sie Material zum Auskleiden, drei oder fünf gut bewurzelte Stecklinge und Substrat von guter Qualität.

Bevor Sie mit der Arbeit beginnen, stellen Sie den leeren Korb, der unten gewölbt ist, auf einen Eimer oder einen Blumentopf, damit er stabilen Halt hat. Drücken Sie das Moos gleichmäßig hinein und achten Sie darauf, dass der obere Rand die richtige Form hat, denn sonst wird die Erde beim Bewässern leicht weggespült. Wenn Sie sich für ein anderes Material zum Auskleiden entschieden haben, legen Sie die Innenseite sorgfältig damit aus. Füllen Sie bis etwa 2,5 cm unterhalb des Randes gut Einheitserde ein. Jetzt kann der Korb mit den Fuchsien bestückt werden.

Hängegitterkörbe können bei warmem Wetter rasch austrocknen und müssen an manchen Tagen mehrere Male gegossen werden. Um dieses Problem zu mildern, können Sie die Innenseite der Moosbeschichtung mit einer Plastikfolie auslegen; damit das Wasser nicht so schnell verdunstet. Machen

Sie in diesem Fall unbedingt einige Löcher im unteren Bereich der Folie, damit das Wasser abfließen kann, sonst würde es bei feuchtem Wetter zur Staunässe kommen. Es gibt auch ein spezielles Harz, das dem Substrat zugesetzt wird, damit es das Wasser besser aufnehmen kann, ohne Staunässe zu verursachen.

Viele bevorzugen bei Hängegitterkörben Substrate mit einem Anteil von normaler Gartenerde, da dieses langlebiger und einfacher in der Handhabung ist und nicht so schnell austrocknet wie Torfkultursubstrate. Der Nachteil ist, dass der Korb dadurch recht schwer wird und die Aufhängung zusätzlich gesichert werden muss. Wenn Sie sich für Torfkultursubstrate entscheiden, sollten Sie darauf achten, dass diese Langzeitdünger enthalten. Dadurch sparen Sie eine Menge Arbeit, und die Bepflanzung bleibt länger schön.

Setzen Sie drei oder fünf Fuchsien in einen Korb; die genaue Zahl hängt von der Gefäßgröße und der Wuchskraft der ausgesuchten Sorten ab. Entweder pflanzen Sie drei Fuchsien am Rand oder setzen eine in die Mitte und vier an den Rand. Ich empfehle, immer jeweils nur eine Sorte für einen Hängegitterkorb zu verwenden. Wenn Sie verschiedene Hybride mischen, wird dies nie eine Einheit geben, denn sie entwickeln sich in unterschiedlichen Größen und stören so die Symmetrie.

Rechts: Vor dem Bepflanzen wird der Hängegitterkorb ausgekleidet und das Substrat eingefüllt. Dann können entweder drei Fuchsien am Rand eingesetzt werden, oder man pflanzt eine Fuchsie in die Mitte und plaziert die anderen am Rand.

Unten: Ein Hängegitterkorb, der gerade bepflanzt wurde. Die Spitzen aller Triebe sollten ausgeknipst werden, um das Wachstum der seitlichen Zweige zu fördern.

Hängegitterkörbe werden in der Regel im Frühjahr im Gewächshaus bepflanzt und erst nach dem letzten Frost, wenn sie bereits in Blüte sind, ins Freie gehängt. Gleich nach dem Pflanzen sollten die Haupttriebe entspitzt (s. S. 56) werden. Wenn Sie die Triebspitzen ein- oder zweimal entfernen, reicht dies in der Regel aus, da die Pflanzen in einem Gefäß in kurzer Zeit genügend neue Triebe bilden. Weiterhin sind nur gute Bewässerung und regelmäßiges Düngen nötig, vor allem, wenn der Behälter recht klein ist.

Körbe aus Kunststoff bieten eine Alternative und müssen nicht ausgekleidet werden; die meisten sind jedoch zu klein und flach, so dass sie nicht genügend Substrat aufnehmen können. Sollten Sie aber einen großen Korb aus Plastik finden, haben Sie damit weniger Arbeit als mit einem Behälter aus Draht – Sie müssen nicht mehr so häufig gießen.

Pflanzen mit halb aufrechten Trieben als Ampelpflanzen zu ziehen, indem man Gewichte an die Zweige hängt, ist wirklich nicht notwendig, denn es gibt zahlreiche Sorten mit herabhängenden Trieben, unter denen man nach Belieben auswählen kann.

Hochstamm

Nicht alle Sorten eignen sich gleich gut zur Anzucht als Hochstämmchen, manche lassen sich sogar sehr schwer dazu erziehen (s. die Liste mit empfohlenen Sorten auf S. 120). Es lohnt sich, Stecklinge von Sorten zu machen, die sich für diese Form eignen. Entnehmen Sie diese wie bereits beschrieben und so früh wie möglich.

Wenn Sie Ihre Fuchsien genauer betrachten, werden Sie entdecken, dass einige Sorten das Laub in Quirlen zu dritt tragen, im Gegensatz zu anderen, deren Blätter paarweise angeordnet sind. Nehmen Sie solche Pflanzen für Hochstämme, da sie sich dreifach verzweigen und deshalb schnell eine dichte Krone bilden. Sollten Sie Sorten dieser Art nicht bekommen, dürfen Sie sich nicht entmutigen lassen, denn dies ist nur ein kleiner Vorteil, und Sie können mit anderen Hybriden ebenfalls viel Erfolg haben.

Nehmen Sie immer mehr Stecklinge ab als Sie es für notwendig halten. Sechs Stecklinge sind nicht übertrieben, wenn Sie einen Hochstamm erziehen wollen. Suchen Sie das Pflänzchen mit dem kräftigsten Wuchs aus und werfen Sie die anderen weg. Wenn die Stecklinge Wurzeln gebildet haben, werden sie umgetopft und bekommen einen Stab als Stütze, der im Abstand von 5 cm befestigt wird. So kann das Bäumchen gerade wachsen. Wenn der Stamm der Stecklinge im Laufe der Zeit immer dicker wird, müssen die Stellen, wo er festgebunden ist, gelegentlich kontrolliert werden, damit sie nicht von der Rinde überwachsen werden. Alle Seitentriebe werden entfernt, sobald sie erscheinen. Aber die Blätter, die zum Stamm gehören, müssen belassen werden. Die Seitentriebe können mit einer scharfen Rasierklinge abgeschnitten werden, oder man reißt sie ab, indem man sie zwischen Zeigefinger und Daumen hält und seitlich daran zieht.

Junge Fuchsien, die zu Hochstämmen erzogen werden, müssen einen Stützstab bekommen, an dem sie in Abständen von etwa 5 cm befestigt werden.

Nach wenigen Wochen werden Sie feststellen, dass einige Stecklinge wuchskräftiger sind als andere. Diese werden weiter kultiviert. Vergessen Sie hierbei nicht, dass Fuchsien-Hochstämme viel Platz brauchen und frostfrei überwintert werden müssen.

Während die Stämmchen wachsen, brauchen sie nur ausreichende Bewässerung und sollten, wenn nötig, umgetopft werden. Von Zeit zu Zeit muss der Stützstab gegen einen längeren ausgetauscht werden, und Sie müssen alle neuen Seitentriebe entfernen.

Die endgültige Höhe ist unterschiedlich, je nach Belieben. Die Fußstämmchen, die vorwiegend zur Dekoration im Haus herangezogen werden, sollten eine Höhe von 25–40 cm (gemessen von der Substratoberfläche bis zu den unteren Zweigen der Krone) nicht überschreiten. Die Halbstämmchen sollten 45–75 cm und die eigentlichen Hochstämme mindestens 75 cm, höchstens aber 105 cm hoch sein. Diese Angaben gelten nur, wenn Sie an einer Ausstellung teilnehmen wollen.

Hat das junge Stämmchen die gewünschte Höhe erreicht, schneiden Sie die Triebspitze ab und belassen Sie die Seitentriebe von den oberen drei bis fünf Blattquirlen. Diese Seitentriebe bilden den Kern der Krone, und wenn jeder von ihnen vier Paar Blätter gebildet hat, sollten sie entspitzt werden. Ab jetzt gehen Sie so vor wie bei der Erziehung der Busch- oder Strauchform. Belassen Sie die Blätter so lange wie möglich am Stamm, bis die Krone eine beachtliche Größe erreicht hat. Die Triebe, die die Krone bilden, sind einer recht großen Belastung ausgesetzt, besonders während der vollen Blüte. Damit die Zweige unter diesem Gewicht nicht leiden, sollten sie gestützt werden.

Anders als bei der Buschform können Sie nicht einfach einige Stäbe ins Substrat geben. Sie können aber jeden Hauptzweig mit einem dünnen Bindfaden an dem langen Stützstab befestigen. Aus dem Grund muss dieser Stab bis in die Krone des Hochstamms hineinragen. Auch wenn die Sorte zu den wenigen zählt, die keine zusätzliche Stütze benötigen, sollte der Stützstab so lang sein. Wird diese Stütze nicht angebracht, ist die Gefahr, dass die Krone abbricht, sehr groß.

Hochstämme sollten aus Sorten, die einen recht festen Stamm bilden, erzogen werden, so dass die Krone sich teilweise selbst stützen kann. Hängefuchsien, die sich besonders gut für Hängegitterkörbe eignen, stellen kein Problem dar, wenn das junge Stämmchen an einem Stab erzogen wird. Die Triebe der Krone können jedoch schlaff herabhängen. Aber auch hier gibt es eine Lösung. Nehmen Sie anstelle eines Bambusstabs einen quadratischen Pfahl von 2,5 cm Umfang. Befestigen Sie mit mehreren Drahtösen auf diesem Pfahl einen umgedrehten Drahtkorb ohne Ketten. Das Ganze hat dann die Form eines Schirms.

Die Krone entwickelt sich an der höchsten Stelle des Korbes, und die Triebe hängen von der Korboberfläche herab. Sie können gleichmäßig über dem Korb verteilt werden, indem man sie mit einem dünnen Draht oder mit einer Schnur befestigt. Bald wird der Korb von Laub und Blüten vollständig bedeckt sein, und Sie haben einen sehr dekorativen Hochstamm in Hängeform.

Fuchsienstämme neigen dazu, leicht zu brechen, wenn sie nicht gut gestützt werden. Hochstämme dagegen, die über einem Hängegitterkorb wachsen, sind robuster und eignen sich sehr gut für einen Platz im sommerlichen Garten. Sie erleiden durch Stürme oder kleinere Unfälle viel seltener Schäden als die herkömmlich erzogenen Hochstämme.

Mit der Erziehung eines Hochstämmchens muss man sehr früh im Jahr beginnen, damit sich die Krone bis zum nächsten Winter teilweise entwickelt hat. Auch wenn die jungen Stämmchen überwintert

Oben: Die Seitentriebe an den Jungstämmchen werden entfernt, indem man sie mit einer Bewegung zur Seite reißt.

Rechts: Wenn der Hochstamm die gewünschte Höhe erreicht hat, wird die Spitze des Hauptstamms mit den Fingernägeln ausgeknipst oder mit einer scharfen Rasierklinge abgeschnitten. Die oberen drei bis fünf Seitentriebe bilden die Krone.

werden können, bildet sich im Stamm ein Knick, wenn das Wachstum im Frühjahr erneut einsetzt. Die einzige Möglichkeit, dies zu verhindern, ist die, während der Winterzeit eine Mindesttemperatur von 10 °C aufrechtzuerhalten, damit das Stämmchen nicht in die Ruhephase tritt.

Sie sollten natürlich eine Wachstumshemmung vermeiden und regelmäßig umtopfen, aber wie bereits erklärt, wird der Blühzyklus durch Hormone reguliert, die von den Pflanzen selbst gebildet und vor allem von der Tageslänge beeinflusst werden. Deshalb ist es eigentlich gar nicht möglich, junge Stämmchen daran zu hindern, im Sommer Blüten hervorzubringen. Ich selbst habe niemals einen Hochstamm beeinflusst, damit er keine unerwünschten Knospen bildet. Ich entferne die Knospen, sobald man sie greifen kann – ebenso die Seitentriebe.

Ich habe vorgeschlagen, die Seitentriebe zu entfernen, sobald sie erscheinen. Es gibt aber auch andere Meinungen, die besagen, dass sie so weit wachsen dürfen, bis sie vier Blätterpaare tragen und dann entspitzt werden sollen. Erst wenn die Krone sich voll entwickelt hat, werden die Seitentriebe abgeschnitten. Der Gedanke, der dahinter steckt, ist folgender: Das Chlorophyll, der grüne Farbstoff der Blätter, der die Energie von der Sonne aufnimmt, und die Mineralien, die über die Wurzeln aufgenommen werden, liefern der Pflanze die Nährstoffe. Je größer die Blattoberfläche ist, desto mehr Nährstoffe können produziert werden. Werden nur die Blätter am Hauptstamm belassen, könnte das Wachstum herabgesetzt werden. Wenn Sie einen Hochstamm erziehen wollen, der aus einem Steckling von einer schwachwüchsigen oder einer langsam wachsenden Sorte stammt, lohnt es sich, diese Methode auszuprobieren. Auf der anderen Seite habe ich schon Hochstämme von 2,5 m Höhe problemlos kultiviert, obwohl ich alle Seitentriebe sofort entfernt habe.

Pyramide

Die Pyramide ist die Form, die für jeden Fuchsienliebhaber eine Herausforderung darstellt und wahrscheinlich nur bei Experten zum Erfolg führt. Eine ideale Pyramide sollte eine dreieckige Form wie ein Weihnachtsbaum haben. Ihre Erziehung bedeutet viel Arbeit, und sie beansprucht viel Platz im Gewächshaus.

Für diese Wuchsform sollten nur starke, aufrecht wachsende Sorten verwendet werden, wovon Sie die kräftigsten Stecklinge aussuchen sollten. Topfen Sie einen gut bewurzelten Steckling ein und stecken Sie als Stütze einen starken Stab in die Mitte des Substrats, an dem die Pflanze in bestimmten Abständen befestigt wird. Wenn der Hauptstamm eine Höhe von etwa 20 cm erreicht hat, sollte die Triebspitze entfernt werden. Jetzt werden sich aus den Augen Seitentriebe entwickeln. Wenn vier bis sechs Seitentriebe entstanden sind, werden die Triebspitzen abgeschnitten, und man lässt nur die zwei kräftigsten Seitentriebe weiter wachsen.

Der kräftigste der verbleibenden Triebe, der jetzt den neuen Leittrieb oder Hauptstamm darstellt, muss wieder sorgfältig an den Stützstab gebunden werden. Dieser Vorgang leitet die Energie der Pflanze vorübergehend in die sich ausbreitenden Seitentriebe, die dann länger als gewöhnlich werden. Wenn die unteren Zweige schlaff herabhängen, entwickeln sie sich nicht richtig. Deshalb sollte man sie an Stäben, die in einem Winkel von 45 Grad in die Erde gesteckt werden, festbinden. Diese Maßnahme ist nur vorübergehend, und die Stützstäbe können entfernt werden, wenn die Pyramide ihre volle Größe erreicht hat. Durch das ständige Entspitzen der Triebe wird eine Dreiecksform der Pflanze erreicht.

Die Erziehung zur Fächerform (s. rechte Seite) beginnt damit, dass die Stämme an vertikalen Stäben befestigt werden, so dass sie sich in einer flachen Ebene entwickeln. Später müssen waagerechte Stäbe zugefügt werden, um die Seitenzweige zu stützen.

Fächer und Spalier

Im Grunde genommen stellen Fächer und Spaliere die gleiche Form dar. Der wesentlichste Unterschied liegt in der Größe. Die Fächerform ist eigentlich eine kleine Spalierform und wächst an einem Gestell, das aus Stäben besteht, die ins Substrat im Topf gesteckt wurden. Fuchsien in Spalierform werden in größeren Gefäßen oder im Beet kultiviert und an den Latten eines Spaliers oder an einem an der Wand angebrachten Drahtsystem erzogen. Geeignet sind für Hochstämme adäquate Sorten.

Nehmen Sie für die Fächerform einen Steckling mit kräftigen Wurzeln, topfen Sie ihn um, aber entfernen Sie die Augen nicht. Zum Beginnen eignet sich die Sorte 'Peppermint Stick'. Verläuft alles nach Plan, haben Sie am Ende eine runde Pflanze mit einem senkrechten Hauptstamm und gut entwickelten Seitentrieben. Jetzt werden die Triebe, die nach hinten und nach vorn wachsen, entfernt, so dass eine flache Fächerform entsteht. Versuchen Sie, die kräftigsten Triebe zu belassen und nur die schwächsten zu entfernen. Breiten Sie die Zweige an den Fächerstäben, die ins Substrat gesteckt werden, aus und befestigen Sie sie mit Drahtösen. Wenn nötig, dann topfen Sie die Pflanze um und ersetzen Sie die Stäbe durch längere.

In der frühen Phase der Erziehung zur Fächerform werden die Stämme an einem einfachen Haltegerüst aus Stäben befestigt. Alle Triebe, die sich im falschen Winkel entwickeln, schneidet man ab.

Spaliere werden ähnlich erzogen, müssen aber in größere Gefäße gepflanzt werden, sobald die Entwicklung es zulässt. Der Behälter muss mindestens einen Durchmesser von 20 cm haben. Dann entfernt man die Stützstäbe, und die Seitentriebe werden wie bei der Fächerform ausgebreitet und in Abständen von 15 cm waagerecht an den Latten des Haltegerüsts festgebunden. Wenn die Seitentriebe mit den horizontalen Drähten oder Latten auf gleicher Höhe zusammentreffen, sollten sie entlang dieser Stütze erzogen werden. Haben alle Leittriebe die erforderliche Höhe erreicht, entfernen Sie ihre Triebspitzen sowie die der Seitentriebe. Nun darf die Fuchsie blühen.

Am Ende der Wachstumsperiode werden alle Blüten und abgestorbenes Laub entfernt, und die Pflanze wird frostfrei einquartiert. Schneiden Sie im Frühjahr alle Seitenzweige bis auf zwei Blattachseln zurück, entfernen Sie die Stützen und setzen Sie frisches Substrat zu. Binden Sie jetzt alle Triebe erneut am Haltegerüst fest, und wenn das Wachstum wieder einsetzt, suchen Sie an jedem Seitentrieb einen Austrieb aus, der den abgeschnittenen ersetzen soll.

Säulenform

Die Säule kann als ein Hochstamm angesehen werden, dessen Seitentriebe belassen wurden. Sie hat die Form eines hohen Zylinders und darf sich nicht von oben nach unten verjüngen.

Am einfachsten lässt sich eine Säule erziehen, indem ein kräftiger Steckling eingetopft und an einem Stützstab befestigt wird. Wenn die Seitentriebe vier Paar Blätter entwickelt haben, werden sie entspitzt, wobei man die Triebspitze des Hauptstamms nicht entfernt. Ab jetzt können Sie den Hauptstamm alle 5 cm an dem Stützstab befestigen. Kürzen Sie die Seitentriebe, wenn nötig, um der Fuchsie die Zylinderform zu geben. Die unteren Zweige müssen oft geschnitten werden, um sie in Form zu halten. Damit das Wachstum der Pflanze nicht behindert wird, muss sie umgetopft werden und, wenn nötig, längere Stäbe bekommen.

Bei dieser schnellen und einfachen Methode entsteht in der Regel eine Säulenform, die unten breiter ist als oben. Eine andere, allerdings kompliziertere Möglichkeit führt zu besseren Ergebnissen. Beginnen Sie wie bereits beschrieben mit einem kräftigen Steckling, der eingetopft und an einem Stützstab in Abständen von 5 cm befestigt wird. Wenn der Steckling vier Paar Blätter entwickelt hat, entfernen Sie die Triebspitze des Hauptstamms. Nach etwa vier Wochen suchen Sie die zwei kräftigsten Seitentriebe aus und schneiden die anderen an der Ansatzstelle ab.

Einer dieser Triebe soll die untere Hälfte, der andere die obere Hälfte der Säule bilden. Ich bezeichne den Trieb für die untere Hälfte als (a) und den Trieb für die obere Hälfte als (b) und setze voraus, dass Ihre Säule eine Höhe von 2 m erreicht. Trieb (a) mit seinen Seitentrieben kann weiterwachsen, bis er etwa 1 m lang ist, und wird erst dann entspitzt. Er sollte an dem Stützstab in gleichmäßigen Abständen befestigt werden. Gleichzeitig wird Trieb (b) ebenfalls an den Stab gebunden. Seine Seitentriebe werden sofort nach dem Erscheinen ausgeknipst, und nur die Blätter bleiben am Stamm. Hat Trieb (b) die Höhe von 1 m erreicht, werden alle Seitentriebe bis zur endgültigen Säulenhöhe belassen, nachdem die Triebspitzen entfernt worden sind.

Alle Seitentriebe von (a) und (b) werden jetzt auf etwa 15 cm Länge gekürzt und formen einen Zylinder von 30 cm Breite. Die kurzen Triebe, die sich nun an allen Seitentrieben entwickeln, bilden eine zylindrische Pflanze von etwa 45 cm Durchmesser, wenn sie in voller Blüte stehen. Topfen Sie regelmäßig um, denn jede Wachstumshemmung würde das endgültige Erscheinungsbild der Säulenform beeinträchtigen. Um bei diese Methode gute Ergebnisse zu erzielen, ist viel Erfahrung und auch etwas Geschicklichkeit erforderlich.

Linke Seite: Diese herrliche Fuchsie in Säulenform bringt gerade Blüten hervor.

Rechts: Eine niedrige Säule kann problemlos erzogen werden, indem man einen Steckling an einem Stützstab befestigt und die Seitentriebe wachsen lässt. Da die Zweige sich ausbreiten, sollten die Triebspitzen entfernt werden, wenn jeder von ihnen etwa 23 cm lang ist. So kann die Pflanze einen Zylinder mit einem Durchmesser von etwa 45 cm bilden.

Fuchsien für Ausstellungen

Mein Rat an künftige Aussteller und Gewinner lautet: Fangen Sie nicht damit an, einen Platz für die vielen Medaillen und Pokale zu schaffen, die Sie gewinnen wollen, sondern lesen Sie dieses Kapitel einige Male durch. Das meiste, was Sie über die Kultivierung von Fuchsien, die Gewinner werden könnten, wissen müssen, haben Sie bereits in den ersten Abschnitten erfahren. Der zweitwichtigste Tip ist, sich rechtzeitig um einen Ausstellungsplan zu kümmern.

Es hat keinen Sinn, mit einer prächtigen Pflanze in einem riesigen Gefäß anzutreten, wenn die Behältergröße mit 15 cm Durchmesser vorgegeben ist, so dass die Pflanze von den Preisrichtern disqualifiziert wird. Sie müssen auch vorsichtig sein, wenn Sie im Bereich der winterharten Fuchsien teilnehmen wollen. Sie können nur Pflanzen auswählen, die vom Veranstalter oder von der Fuchsien-Gesellschaft als winterhart anerkannt werden und nicht solche, die Sie oder der Züchter für winterhart halten. Eine Liste mit den anerkannten winterharten Sorten können Sie bei der Ausstellungsleitung anfordern.

Der richtige Zeitpunkt ist ebenfalls ein entscheidender Faktor. Eine herrliche Blütenpracht brauchen Sie am Tage der Ausstellung und nicht davor oder danach. Nur durch Ausprobieren der von Ihnen gegebenen Wachstumsbedingungen werden Sie letztendlich die optimalen Ergebnisse erhalten. Aber lassen Sie Ihren einfach blühenden Sorten etwa 10–12 Wochen und den gefüllt blühenden Hybriden 12–14 Wochen Zeit, gerechnet ab dem letzten Entspitzen. Ich muss dabei aber betonen, dass diese Angaben je nach Jahreszeit und regionalen Gegebenheiten variieren; sie hängen auch davon ab, ob die Pflanzen beim letzten Entspitzen Knospenansätze hatten.

Sollten Ihre Fuchsien so aussehen, als ob sie zu spät Blüten bildeten, können Sie nicht viel unternehmen, um diesen Vorgang zu beschleunigen. Ist das Wetter zu kalt für die Jahreszeit, können Sie die Heizung anstellen. Aber Vorsicht, denn die Luft könnte zu stark austrocknen. Pflanzen in einem fortgeschrittenen Stadium sind einfacher zu handhaben. Zu früh entwickelte Knospen werden ausgeknipst, sobald sie erscheinen, und mit dieser Methode können Sie bis etwa vier Wochen vor der Ausstellung fortfahren. Die verbleibende Zeit müsste für die vollständige Entwicklung der übrigen Knospen ausreichen.

In der Tat kann sich das Vorantreiben der Pflanzen als gute Idee erweisen. Pflanzen spüren offenbar, dass ihre Blüten sich nicht voll entfalten werden, und reagieren auf das Entfernen der Knospen, indem sie noch mehr Knospen her-

Hier sieht man Fuchsien als Hochstämme sowie Pelargonien, die im Spätfrühling in einem der Gewächshäuser des Autors wachsen.

vorbringen. Dies führt zu einer – vorübergehend – verbesserten Blütenpracht am Tage der Ausstellung.

Sie sollten aber auch wissen, wie die Preisrichter bewerten und worauf sie achten. Zwar unterscheiden sich die Regeln von Gesellschaft zu Gesellschaft und von Land zu Land, doch gibt es Punkte, die meistens allgemein gelten. Das Gesamterscheinungsbild ist von Bedeutung; vergilbte und beschädigte Blätter müssen also entfernt werden. Die Gefäße müssen sauber sein, und das Laub sollte alle Stützhilfen ausreichend bedecken.

Die Fuchsien müssen korrekte Namen haben und sollten symmetrisch und schön abgerundet sein. Ist für eine bestimmte Klasse mehr als ein Exemplar erforderlich, sollten alle ähnliche Form und Größe aufweisen.

Ein guter Preisrichter weiß genau, ob das Exemplar typisch für die Sorte ist oder nicht. Eine Pflanze der Sorte 'Waveney Gem' oder 'Marilyn Olsen' beispielsweise sollte völlig mit Blüten bedeckt sein, was bei der Sorte 'Garden Week' nicht immer möglich ist, da sie weniger, aber größere Blüten hervorbringt. Ich kann nur raten, sich für Sorten zu entscheiden, die sehr üppig blühen, denn nicht alle Preisrichter kennen den Unterschied.

Ein weiteres Problem, das auftreten kann, stellen die Veränderungen bei den Blüten dar. Einfache Fuchsienblüten haben eine Krone mit vier Blütenblättern. Wenn die Blüten fünf bis acht Petalen tragen, werden sie als halb gefüllt und bei neun oder mehr Blütenblättern als gefüllt eingestuft. Zahlreiche Fuchsien halten jedoch nicht viel von Regeln und bilden gelegentlich ein Blütenblatt mehr. Wenn Sie mit einer solchen Pflanze in der Abteilung für einfache Blüten teilnehmen, wird das Exemplar disqualifiziert. Auf die Beschreibungen in Büchern und Katalogen kann man sich nicht immer verlassen.

Als die Sorte 'Mieke Meursing' eingeführt wurde, stellte sie eine Sensation dar – die perfekte Pflanze, über und über bedeckt mit einfachen Blüten in Rosa. Bei den meisten Ausstellungen gewann sie zahlreiche Preise. Aber einige Jahre später wurden die herrlichen Pflanzen zum Entsetzen ihrer Züchter von den Preisrichtern disqualifiziert, da die Blüten jetzt halb gefüllt waren. Alle Sorten mit halb gefüllten Blüten werden normalerweise als gefüllt betrachtet und sollten bei Ausstellungen in dieser Kategorie antreten.

Bevor Sie Stecklinge abnehmen, ist es sehr wichtig, eine kräftige Mutterpflanze zu wählen, die eine Höchstzahl an Blüten hervorbringt. Die Züchter hatten für diesen Zweck offensichtlich eine gute Wahl getroffen, aber auch ausgesuchte Exemplare zeigten die Neigung zur Bildung von gefüllten Blüten. Diese Tendenz muss über Jahre hinweg allmählich zugenommen haben, bevor die Preisrichter dies bemerkten.

Auch wenn 'Mieke Meursing' hier als Beispiel gebracht wurde, gibt es zahlreiche andere Sorten, die für Ausstellungszwecke verwendet werden können. Die meisten von ihnen besitzen kleine oder mittelgroße Blüten und wachsen sehr buschig. Dieser Fuchsientyp scheint die nötige Qualität aufzuweisen, um die Preisrichter zu beeindrucken, und sieht im Vergleich zu Sorten mit großen, aber spärlichen Blüten viel erlesener aus.

Pflanzen für Ausstellungen sind auch der Mode unterworfen. Wenn ein Züchter eine neue Sorte kreiert oder eine alte wieder entdeckt und den Preis gewinnt, können Sie davon ausgehen, dass diese Pflanze im nächsten Jahr bei allen Ausstellungen zu sehen sein wird.

Die Abbildung zeigt einen Teil der Medaillengewinner, die vom Autor kultiviert wurden, bei einer Blumenschau der Royal Horticultural Society in London.

Schädlinge und Krankheiten

Gut ernährte Fuchsien werden selten von Krankheiten befallen. Aber wie alle Pflanzen haben auch sie ihre Schwachstellen, so dass sie für manche Erkrankungen und Schädlinge anfällig sind, die recht oft auftreten. Am häufigsten werden Fuchsien von Weißen Fliegen und Blattläusen sowie Fuchsienrost heimgesucht.

Sauberkeit im Gewächshaus oder im Garten ist von größter Wichtigkeit. Aber wie viele Gärtner waschen sich schon die Hände, nachdem sie eine kranke Pflanze angefasst haben?

Wenn Sie verhindern wollen, dass Infektionskrankheiten wie Fuchsienrost sich ausbreiten, sollten Sie dies aber tun. Pflanzenteile, die aus irgendeinem Grund entfernt wurden, sollten in einem Plastiksack in die Mülltonne geworfen und nicht einfach auf dem Boden liegen gelassen werden.

Unkräuter können Krankheiten und Schädlinge übertragen. Es ist sinnlos, die Fuchsien peinlichst sauber zu halten, wenn unterhalb der Stellflächen im Gewächshaus das Unkraut wächst, das die Pflanzen immer wieder ansteckt. Alle Gewächse sollten regelmäßig kontrolliert werden; dabei wird Verwelktes entfernt, und die Fuchsien werden auf die ersten Anzeichen von Krankheiten und Schädlingen überprüft. Eine Krankheit sollte sofort bekämpft werden, um nicht später wieder aufzutreten.

Schädlinge und Krankheiten können sich auf verschiedenen Wegen ausbreiten. Manchmal geschieht es durch die Erreger, die an den behaarten Körpern von Faltern hängenbleiben, oder indirekt durch Aas fressende Insekten. Der Fuchsienrost kann auch durch die Kleidung von Besuchern eingeschleppt werden. Um Infektionen vorzubeugen, lasse ich meine Gäste das Gewächshaus mit den wichtigsten Pflanzen und dem Vermehrungskasten nicht betreten.

Sind die Pflanzen bereits befallen, gibt es zwei Wege der Bekämpfung, die man beschreiten kann. Die erste Methode beruht auf dem Einsatz von chemischen Pflanzenschutzmittel. Bei der zweiten Möglichkeit nimmt man die Hilfe von natürlichen Feinden der Schädlinge in Anspruch. Beide Methoden führen zum Erfolg und können manchmal in Kombination eingesetzt werden. Während chemische Mittel die Schädlinge vollständig vernichten, beruht die biologische Bekämpfung darauf, die Zahl der Plagegeister, von denen sich die natürlichen Feinde ernähren, so weit zu reduzieren, dass die Pflanze keinen Schaden davonträgt. Diese natürlichen Widersacher sind in der Regel jeweils auf einen Schädling spezialisiert und müssen entsprechend eingesetzt werden. Besonders in Gewächshäusern und Wintergärten sind sie von beträchtlichem Nutzen, sie können aber auch im Freien angewandt werden. Allerdings reicht es nicht aus, die Nützlinge nur einmal einzusetzen; sie müssen während der Vegetationsperiode öfter freigelassen werden.

Chemische Mittel haben ein weites Wirkspektrum und können verschiedene Schädlinge oder Krankheiten auf einmal beseitigen. Aber solche Präparate sind auch für andere Lebewesen schädlich und zerstören das ökologische Gleichgewicht der Natur. Daher sollte ihre Verwendung der letzte Ausweg sein, um Krankheiten oder Schädlinge in den Griff zu bekommen. Nur bei sehr starkem Befall und wenn andere Mittel versagen, kann man unter Umständen auf diese Spritzmittel zurückgreifen. Beim Umgang mit giftigen Präparaten sollten Sie unbedingt einige Regeln befolgen: Die angegebene Dosierung ist auf jeden Fall einzuhalten. Man sollte auch Handschuhe sowie einen Atemschutz tragen und eventuelle Spritzer auf der Haut sofort mit reichlich Wasser abwaschen. Pflanzenschutzmittel müssen gut gekennzeichnet und für Kinder unerreichbar aufbewahrt werden. Reste angesetzter Spritzmittel verlieren rasch an Wirksamkeit; daher sollte man sie nicht wiederverwenden und sie als Sondermüll entsorgen.

Im Fachhandel sind neuerdings auch eine Reihe von Produkten erhältlich, die pflanzlichen Ursprungs sind oder aus anderen natürlichen Rohstoffen hergestellt werden. Sie sind zwar nicht ganz harmlos, wirken aber für die nützlichen Insekten wie Bienen sowie für die natürlichen Feinde der Schädlinge nicht giftig. Zu den verbreitetsten Mitteln dieser Gruppe gehören Präparate auf Pyrethrumbasis. Dieser Wirkstoff wird aus verschiedenen Chrysanthemenarten gewonnen und wirkt gegen Insekten und Milben, kann aber auch Nützlinge schädigen. Es gibt auch Mineralölpräparate, die als Sommeröl im Handel erhältlich sind und gegen saugende Schädlinge wie Blattläuse eingesetzt werden. Die Atemporen ihrer Eier und Larven werden durch einen Ölfilm verstopft, wodurch diese absterben. In jüngster Zeit ist auch Rapsöl in Fachgeschäften erhältlich, das eine ähnliche Wirkung zeigt. Natürliche Fettsäuren, die in Form von Kalisalzen im Handel angeboten werden, können ebenfalls gegen saugende Schadinsekten gesprüht werden.

Zusätzlich zu den hier erwähnten Schädlingen sollten Sie immer wachsam gegen kleine Lebewesen sein, die die Fuchsien normalerweise nicht befallen. Die Kelchröhre dieser Blüte wurde von einer Maus angefressen, die von dem süßen Nektar am Fruchtknoten naschen wollte.

Schädlinge

Blattläuse

Fuchsien werden hauptsächlich von der Grünen Pfirsichblattlaus (*Myzus persicae*) befallen. Sie sitzen in großen Massen an Knospen und jungen Blättern und saugen den Pflanzensaft aus. Die betroffenen Triebe und Blätter sind bei starkem Befall oft verkrüppelt und verformt. Außerdem scheiden Blattläuse einen zuckerhaltigen Saft, den sogenannten Honigtau, aus, der die Blätter bedeckt und zur Verbreitung von Viruserkrankungen beitragen kann. Auch die Gallmückenart *Aphidoletes aphidimyza* kann als Helfer gegen Blattläuse eingesetzt werden. Sie legt ihre Eier in den Kolonien der Blattläuse ab. Ihre Larven ernähren sich anschließend von den Schädlingen. Auch Schlupfwespen und Florfliegen leisten hier gute Dienste. Der beste natürliche Helfer gegen die Plagegeister ist der bekannte Marienkäfer, der sich ausschließlich von Blattläusen ernährt. Zur chemischen Bekämpfung können auch die wenig giftigen Spritzmittel auf Pyrethrumbasis eingesetzt werden.

Auf der Unterseite dieses Blattes kann man die Nymphen, das Larvenstadium der Weißen Fliege, erkennen. Bei den schwarzgefärbten Nymphen handelt es um solche, die durch die Schlupfwespe parasitiert wurden.

Blattwanzen

Diese grünlich-gelben Insekten sehen aus wie schlanke Blattläuse. Besonders zwei Arten, die Trübe Feldwanze (*Lygus ruguli pennis*) und die Grüne Futterwanze (*Lygus pabulinus*), können bei Fuchsien großen Schaden anrichten. Im Vorfrühling und Frühsommer saugen sie an den jungen Triebspitzen. Dabei durchstechen sie die Blätter und scheiden ein Sekret aus, das junges Blattgewebe zum Absterben bringt und manchmal die Vegetationspunkte verkrüppeln lässt, so dass keine neuen Triebe mehr entstehen. Die Blattwanzen befallen vor allem Fuchsien, die im Freien stehen. Ihre Bekämpfung ist kaum möglich, aber die Pflanzen können vorbeugend mit speziellen Mitteln besprüht werden. Gärtnereien und gut sortierte Fachgeschäfte geben hier Auskunft.

Raupen

Besonders gefürchtet bei Fuchsien ist die Raupe des Mittleren Weinschwärmers (*Deilephila elpenor*), die die Blätter dieser Pflanze bevorzugt. Wenn eine Raupe eine Fuchsie entdeckt, kann die Pflanze bald kahl gefressen sein. Der ausgewachsene Schädling ist leuchtend grün und hat einen bis 8 cm langen, dicken, walzenförmigen Körper. Er ist leicht zu entdecken und zu erkennen. Der Schwärmer ist sehr ungewöhnlich und schön; vielleicht können Sie eine Pflanze opfern, um sich daran zu erfreuen. Sonst sollten Sie die Raupen mit der Hand absammeln, denn das ist die einfachste Methode, obwohl es natürlich auch chemische Bekämpfungsmittel gibt. Wenn Sie bereits Schäden bemerkt haben, sollten Sie Ihre Fuchsien häufiger nach den Eiern absuchen, die meistens an den Blattunterseiten zu finden sind, und sie entfernen.

Schaumzikaden

Diese kleinen Insekten (*Philaenus spumarius*) halten sich vor allem auf den Blattunterseiten auf. Ihre Anwesenheit ist an dem weißen Schaum, den ihre Larven bilden, zu erkennen. Sie saugen an den Blättern und jungen Trieben und sind nur im Vorfrühling oder Frühsommer bei Fuchsien im Freiland zu finden. Die beste Methode ist, diese Schaumnester mit Wasser zu entfernen und die Pflanze mit einem Pyrethrum-Präparat zu behandeln.

Blattläuse befallen in der Regel die jungen Triebspitzen von Fuchsien. Sie müssen unbedingt bekämpft werden, da sie sonst zu Blattverkrüppelungen führen. Über den Honigtau, den sie ausscheiden, können sie auch zur Verbreitung von Viruskrankheiten beitragen.

Spinnmilben
Die Spinnmilbe (*Tetranychus urticae*) ist ein Schädling, der großen Schaden verursachen kann. Sie breitet sich sehr schnell aus, vor allem an trocken-heißen Sommertagen. Die winzigen Tierchen sind mit dem bloßen Auge kaum zu erkennen, können aber anhand der matt bräunlichen Farbe an den Blattunterseiten entdeckt werden. Bei starkem Befall sehen die Fuchsien bald ziemlich kraftlos aus, die Blätter vergilben und fallen schnell ab. Häufig sind ihre Unterseiten und die Triebspitzen mit einem dichten Gespinst überzogen. Da diese Schädlinge gegen die meisten chemischen Mittel resistent sind, eignet sich zur biologischen Bekämpfung im Gewächshaus ihr natürlicher Gegenspieler, die Raubmilbe *Phytoseiulus persimilis*.

Wenn Sie einen Verdacht auf Spinnmilben haben, bestellen Sie sofort diese Parasiten, denn bei starkem Befall können auch sie nicht vollständige Abhilfe schaffen. Wenn Ihre Pflanzen diesem Schädling einmal zum Opfer gefallen sind, wird er im folgenden Jahr erneut auftreten. Also ist es sinnvoll, die Raubmilben zeitig im Frühjahr vorbeugend einzusetzen. Sie können stark befallene Pflanzen auch mit Rapsöl- oder fettsäurehaltigen Präparaten behandeln. Da Spinnmilben hohe Luftfeuchtigkeit nicht mögen, kann das regelmäßige Besprühen der Fuchsien die Gefahr einer Massenvermehrung mindern.

Trauermücken
Trauermücken (Moosfliegen; *Sciara*) sind kleine schwarze Insekten, die in feuchter Erde leben und Torfkultursubstrate besonders lieben. Sie befallen junge, gerade erst bewurzelte Fuchsien. Aber die neuesten Untersuchungen zeigen, dass diese Schädlinge Wurzelfäule von einer Pflanze zur anderen übertragen können und wahrscheinlich für das scheinbar unerklärliche Absterben verantwortlich sind, das bei allen Pflanzen von Zeit zu Zeit vorkommt. Zur Bekämpfung von Trauermücken können parasitische Nematoden (Fadenwürmer) wie *Steinernema feltiae* erfolgreich eingesetzt werden. Bei der Anwendung muss man die Herstelleranweisung beachten. Die lästigen Insekten lassen sich auch sehr wirkungsvoll mit beleimten Gelbtafeln abfangen, die direkt in die Erde gesteckt werden. Außerdem hilft eine dünne Sandschicht über den Aussaaten, die Tiere an der Eiablage zu hindern.

Weiße Fliegen
Die Weiße Fliege (*Trialeurodes vaporariorum*) ist zweifellos der Schädling, der die Fuchsien im Gewächshaus am häufigsten befällt. Wenn man nichts dagegen unternimmt, können ganze Ansammlungen von Pflanzen unwiederbringlich verloren sein. Ein ausgewachsenes Tier ähnelt einer kleinen weißen Motte. Die Schädlinge fliegen sofort auf, wenn die befallene Pflanze berührt wird. Das Weibchen legt auf der Unterseite der Blätter seine Eier ab, die mit bloßem Auge gar nicht zu sehen sind. Aus ihnen schlüpfen etwa 0,2 mm lange, glasig aussehende Larven (Nymphen), die sich in vier Schritten zu einer erwachsenen Weißen Fliege entwickeln. Sowohl Adulte als auch Larven schädigen die Pflanzen. Sie entziehen den zuckerhaltigen Pflanzensaft und scheiden Honigtau aus, auf dem sich Schadpilze ansiedeln. Zur biologischen Bekämp-

fung der Weißen Fliege können Schlupfwespen (*Encarsia formosa*) eingesetzt werden. Sie legen ihre Eier in die Nymphen der Schädlinge; die Schlupfwespenlarven ernähren sich von ihnen und höhlen ihre Wirte von innen heraus aus. Parasitierte Nymphen sind schwarz gefärbt. Die Anwendung von Schlupfwespen kann einen großen Befall nicht regulieren, also muss man vorbeugend handeln und die Wespen sehr früh einsetzen. Die Temperatur im Gewächshaus sollte mindestens 18 °C betragen, damit die Schlupfwespen sich entwickeln. Die Behandlung sollte nach 14 Tagen wiederholt werden, damit sie zu guten Ergebnissen führt. Die Schädlinge können durch diese Methode nicht vollständig vernichtet werden, doch ihre Zahl wird in Grenzen gehalten.

Physiologische Störungen

Hier handelt es sich nicht wirklich um Krankheiten, sondern um Wachstumsstörungen, die durch Fehler in der Kultur auftreten können. Die Pflanzen zeigen manchmal Mangelerscheinungen, die sich durch Düngung beseitigen lassen. Farbveränderungen an den Blättern sind dagegen schwer zu diagnostizieren. Braune Flecken auf der Blattoberseite oder an den Trieben bedeuten gewöhnlich Verbrennungen durch Sonnenlicht; ein Schattenplatz schafft hier Abhilfe. Wenn Nährstoffprobleme vorliegen, ist das Umtopfen oder das Austauschen des Substrats die beste Lösung. Düngergaben können helfen, werden aber die Probleme nicht beseitigen, die durch den falschen pH-Wert der Erde (sauer oder alkalisch) entstehen.

Manche Fuchsiensorten, besonders jene mit Blüten in einem dunklen Purpurrot, scheinen mehrfarbige Blätter zu entwickeln, die verschiedene Gelb-, Purpur- und Grüntöne aufweisen. Das Auffrischen des Substrats beseitigt normalerweise dieses Problem, aber einige ältere Blätter bekommen ihre ursprüngliche Farbe von selbst wieder, bevor sie absterben.

Es ist ganz normal, wenn Fuchsien während der Wachstumsperiode eine bestimmte Anzahl von Blätter verlieren. Wenn nicht ausgereifte Knospen und Blätter abfallen, ist dies meistens auf Trockenheit zurückzuführen – entweder im Wurzelbereich oder in der Luft, was viel wahrscheinlicher ist. Das Umziehen einer Pflanze vom Gewächshaus in bewohnte Räume ist der häufigste Grund dafür.

Krankheiten

Fuchsienrost

Charakteristisch für diesen Rostpilz (*Pucciniastrum epilobii*) sind Gruppen von gelb-braunen Sporen auf den Blattunterseiten. Wenn man nichts unternimmt, fallen die Blätter ab, und die Pflanze wird immer schwächer. Die reifen Sporen können sich durch jeden Luftzug ausbreiten. Sie werden auch durch Kleidung und durch ungewaschene Hände übertragen. Fuchsienrost infiziert die Fuchsien meist vom Weidenröschen aus. Deshalb sollten sich diese Pflanzen nicht in der Nähe von Fuchsien befinden. Biologische Bekämpfungsmöglichkeiten gibt es nicht, also müssen befallene Blätter entfernt werden. Dann kann man die Pflanze mit einem speziellen Fungizid besprühen. Vorbeugend helfen Pflanzenstärkungsmittel, die ein Eindringen und die Vermehrung des Pilzes erschweren.

Grauschimmel

Dieser Pilz (*Botrytis cinerea*) verursacht einen grauen, wollig aussehenden Rasen auf allen Pflanzenteilen. Er vermehrt sich bei kühler, feuchter sowie stagnierender Luft und tritt vor allem im Herbst und Winter auf. Infizierte Blätter und abgestorbenes Material müssen sofort entfernt werden. Viel Lüften, trockenere Luft, weniger gießen und peinliche Sauberkeit sind hilfreiche vorbeugende Maßnahmen. Es gibt zwar Pflanzenschutzmittel gegen Grauschimmel, aber unter ungünstigen Bedingungen wird er immer wieder auftreten.

Grauschimmel zählt zu den häufigsten Pilzkrankheiten, die bei widrigen Verhältnissen wie zu hoher Luftfeuchtigkeit und Kälte die Pflanzen befallen. Den grauen Pilzrasen kann man bei fortgeschrittenem Laub mit dem bloßen Auge erkennen.

Fuchsiensorten von A bis Z

Die Beschreibungen, die in diesem Kapitel angegeben werden, sind charakteristisch für die Wachstumsbedingungen in Nordwesteuropa. Besonders die Blütenfarbe kann stark von den Anzuchtmethoden und dem Nährstoffangebot abhängen, so dass die Charakterisierungen hier nur einen Anhaltspunkt geben können. Generell gilt die Regel: Je mehr Licht die Pflanzen erhalten, desto intensiver wird die Blütenfarbe. Der Name des Züchters, das Ursprungsland und das Einführungsjahr, wenn bekannt, werden in dieser Aufstellung ebenfalls angegeben. Sie sollen bei der Bestimmung helfen, denn viele Sortennamen kommen doppelt vor, und einzelne Sorten sind manchmal unter verschiedenen Namen bekannt.

Anmerkung

In Großbritannien gibt es zwei Fuchsienzüchter mit dem Namen David Clark – einer von ihnen ist der Verfasser dieses Buches. Die Fuchsiensorten, die vom Autor gezüchtet wurden, werden D. W. H. Clark, die anderen D. Clark zugeschrieben.

Alf Thornley

D. Clark, Großbritannien, 1981

Gefüllt. Die rosafarbenen Kelchröhren sind kurz, und die nach außen gebogenen rosafarbenen Kelchblätter weisen grüne Spitzen auf. Die hübsch geformte Krone ist cremeweiß. Die mittelgroßen Blüten zieren eine buschige, aufrechte Pflanze. Diese Sorte eignet sich hervorragend als Ziergewächs und für Ausstellungen.

'Applause' ist eine feine, sehr ansprechende Sorte. Sie ist zwar etwas empfindlich, aber die Mühe lohnt sich.

Anita

Züchter und Einführungsjahr unbekannt

Einfach. Die Kelchröhre und die Kelchblätter sind weiß, während die Blüte eine leuchtend orangefarbene Krone hat. Die Pflanze hat eine kräftige, aufrechte Wuchsform, benötigt aber einen regelmäßigen Rückschnitt, um sich buschig zu entwickeln. Die kleinen bis mittelgroßen Blüten erscheinen sehr zahlreich und sitzen etwas aufrecht. Nicht mit 'Anita' zu verwechseln, die 1946 von Niederholzer kreiert wurde und halb gefüllte Blüten trägt.

Annabel

Ryle, Großbritannien, 1977

Gefüllt. Die großen Blüten sind nahezu rein weiß und weisen nur dann einen Hauch von Rosa auf, wenn sie einen voll sonnigen Platz haben. Der Wuchs ist aufrecht und kräftig genug, um das beträchtliche Gewicht der zahlreichen Blüten tragen zu können. Die Blätter sind in der Regel blassgrün, bekommen aber einen dunkleren Ton, wenn die Pflanze sehr stickstoffreich gedüngt wird. Diese Sorte kann als Busch, Ampelpflanze oder Hochstämmchen kultiviert werden.

Army Nurse
Hodges, USA, 1947

Halb gefüllt. Die Blüten sind mittelgroß und haben eine rote Kelchröhre sowie rote Kelchblätter mit einer bläulich-purpurroten Krone, die rosa geädert ist. Diese besonders winterharte Sorte entwickelt sich zu einem üppigen, attraktiven Busch, wenn sie im Garten gepflanzt wird. Als Mittelpunkt einer großen, dekorativen Urne oder eines Kübels eignet sie sich besonders gut.

Baby Bright
Bright, 1992

Einfach. Die nach außen gebogenen Kelchblätter sind oberseits weiß, unterseits rosa. Die Krone ist blassrosa, fast weiß mit rosafarbener Äderung. Eine Fülle von Blüten ziert diese buschige, aufrechte Pflanze, die gewöhnlich höher als breiter wird.

Applause
Stubbs, USA, 1978

Gefüllt. Die kurze Kelchröhre und die Kelchblätter sind blassrosa, die große Krone ist rosa-orange. Die Stängel sind kurz, aber kräftig. Diese schöne Sorte ähnelt 'Marcus Graham', die vom gleichen Züchter kreiert wurde. Im Kübel und im Hängekorb zeigt sie sich von ihrer besten Seite, kann aber mit viel Aufwand auch zu einem attraktiven Hochstämmchen gezogen werden.

Fuchsia arborescens

Die Baumfuchsie ist eine Art aus Mittelamerika, vor allem Mexiko und Guatemala. Die winzigen, blassrosa- bis lilafarbenen Blüten sitzen in Büscheln und ähneln eher denen des Flieders (*Syringa spec.*) als denen einer Fuchsie. Die Blätter sind größer, und die Pflanze hat einen kräftigeren Wuchs. Obwohl sie bereits als Topfpflanze Blüten hervorbringt, entwickelt sie sich zu einem kleinen Baum. In Südmexiko kann sie eine Höhe von bis zu 9 m erreichen. Die Synonyme für diese Sorte lauten *F. arborea*, *F. hamellioides* und *F. ingaeflora*. Beachten Sie auch die ähnliche Art *F. paniculata*.

'Army Nurse' ist ein hervorragender Strauch für den Garten und kann sogar in frostreichen Regionen eine Höhe von einem Meter oder mehr erreichen. Diese Sorte kann auch als eine niedrige, aber dichte Hecke gepflanzt werden.

Bicentennial
Paskesen, USA, 1976

Gefüllt. Die großen Blüten erscheinen sehr zahlreich. Die Kelchröhre und die Kelchblätter sind blassorange; die Krone ist außen orange, innen purpurfarben. Die Pflanze wächst waagerecht oder hängend. Manche Züchter betrachten die Kultivierung dieser Sorte als schwierig, aber sie kann gut für Hängekörbe oder als Hochstämmchen mit hängenden Trieben gezogen werden.

Bland's New Striped
Bland, Großbritannien, 1872

Einfach. Diese alte Sorte hat sich in all den Jahren bewährt. Die Kelchröhre und die nach außen gebogenen Kelchblätter sind rot, die Krone ist leuchtend purpurn mit rosa Streifen in der Mitte eines jeden Blütenblatts. Die großen Blüten zieren eine buschige und aufrechte Pflanze.

Beacon Rosa
Burgi-Ott, Schweiz, 1972

Einfach. Die mittelgroßen Blüten erscheinen sehr zahlreich auf kräftigen, aufrechten Stängeln. Die Pflanze muss etwas in Form gebracht werden, damit sie sich zu einem prächtigen Busch entwickeln kann. Es handelt sich hier um eine Mutation aus der roten und purpurfarben Sorte 'Beacon', die sehr winterhart ist. 'Beacon Rosa' ist nicht so starkwüchsig und benötigt einen geschützten Standort, um zu gedeihen.

Bealings
Goulding, Großbritannien, 1983

Gefüllt. Die mittelgroßen bis großen Blüten haben eine weiße Kelchröhre sowie weiße Kelchblätter und eine breite blaue Krone. Wenn die Blüten älter werden, ändert sich ihre Farbe etwas. Die Wuchsform der Pflanze ist buschig und aufrecht. Es handelt sich um eine Züchtung von ausgezeichneter Qualität. Sie kann als Busch oder Hochstämmchen kultiviert werden.

Linke Seite: 'Bealings'. Diese Sorte zählt zu den besten des Züchters Edwin Goulding, die er in seiner Pflanzschule in Suffolk in England kreiert hat. Diese Sorte mit ihren auffälligen Blüten wird oft zur Lieblingspflanze von Leuten, die sie kultivieren.

Linke Seite, unten: 'Beacon Rosa' ist eine Spielart von 'Beacon'. Da sie frostempfindlich ist, braucht sie im Garten einen geschützten Platz, um zu überleben.

Oben: 'Bland's New Striped' ist eine sehr alte britische Sorte, die heute hauptsächlich als Rarität kultiviert wird.

Rechts: 'Border Queen'. Wie der Name schon besagt, kommt diese Sorte im Sommer besonders in Rabatten gut zur Geltung.

Border Queen

Ryle, Großbritannien, 1974

Einfach. Die Kelchblätter sind weiß mit einem Hauch von Rosa und grünen Spitzen. Die Krone ist von einem tiefen Purpurblau und rosa überzogen, besonders zu den Enden der Blütenblätter hin. Die Wuchsform ist aufrecht und verzweigt. Diese Sorte ist ein Schwestersämling von 'Eden Lady', die ähnlich aussieht, aber dunklere Blüten hervorbringt.

Bountiful

Munkner, USA, 1963

Gefüllt. Die dichte und rundliche Krone ist weiß mit rosa Äderung. Die Kelchröhre und die Kelchblätter sind blassrosa mit grüner Spitze. Die mittelgroßen Blüten erscheinen unaufhörlich und sehr zahlreich. Diese Sorte eignet sich am besten für einen Hängekorb, sie kann aber auch als Busch gezogen werden, wenn sie genügend Stützhilfe bekommt.

Blush O'Dawn

Martin, USA, 1962

Gefüllt. Die besonders großen Blüten haben eine weiße Kelchröhre und weiße Kelchblätter sowie eine blasssilbrige, graublaue Krone. Die Stängel sind ziemlich kurz und neigen sich unter dem Gewicht der Blüten herab. Obwohl recht langsamwüchsig, gilt diese Sorte wegen ihrer Farbe bei vielen Liebhabern zu den Favoriten. In Ampeln oder Hängekörben kommt sie besonders gut zur Geltung.

Fuchsia boliviana var. luxuriös alba

Eine Varietät einer aus Bolivien stammender Art. Einfach. Die lange Kelchröhre ist weiß und 5–6 cm lang. Die Kelchblätter und die Krone sind von einem tiefen Flammenrot. Die frostempfindliche Sorte benötigt im Winter Wärme und, da sie sehr groß wird, ein geräumiges Gewächshaus. Die ursprüngliche Art ist ähnlich, hat aber eine rote Kelchröhre. Sie wurde in vielen Ländern heimisch. Karminrote Beerenfrüchte erhöhen ihre Attraktivität.

Brutus

Lemoine, Frankreich, 1897

Einfach. Fuchsiensorten, die so alt sind wie diese und immer noch kultiviert werden, müssen etwas Besonderes sein. Die mittelgroßen, rot und purpurnen Blüten sitzen in großer Zahl auf buschigen, etwas lockeren Stängeln. Diese Sorte kann ohne weiteres als Busch, im Hängekorb, als Hochstämmchen oder in jeder Form, die Sie bevorzugen, kultiviert werden. Die winterharte Pflanze entwickelt sich zu einem schönen Strauch im Garten.

Caledonia

Lemoine, Frankreich, 1899

Einfach. Die rote Kelchröhre ist außergewöhnlich lang, die Kelchblätter sind wie diese rot, und die Krone ist von einem leicht dunklen Karminrot – also Blüten, die beinahe einfarbig sind. Diese Sorte ist besonders winterhart und eignet sich hervorragend für eine niedrige Hecke.

Bow Bells

Handley, Großbritannien, 1972

Einfach oder halb gefüllt. Die weiße Kelchröhre ist kurz, und die langen weißen Kelchblätter weisen grüne Spitzen auf. Die Krone ist magentarot mit Weiß am Grund der Blütenblätter. Die großen Blüten erscheinen sehr zahlreich an langen, nicht besonders kräftigen Stängeln. Die Pflanze kann als Busch gezogen werden, wirkt aber in einem Hängekorb oder als Hochstamm besser.

Brookwood Belle

Gilbert, Großbritannien, 1988

Gefüllt. Hier ist der Aufschrei »Bitte nicht noch eine Fuchsie in Rot und Weiß!« nicht berechtigt, denn diese Sorte zählt zu den besten. Die Wuchsform ist aufrecht, buschig und kräftig. Die mittelgroßen rot-weißen Blüten erscheinen zahlreich. Sie eignet sich hervorragend als großer Busch oder als Hochstämmchen.

Cardinal Farges
Rawlins, Großbritannien, 1958

Halb gefüllt. Die mittelgroßen Blüten besitzen eine leuchtend rote Kelchröhre und rote Kelchblätter sowie eine weiße Krone, die rot geädert ist. Die Wuchsform ist aufrecht, und die besonders üppig blühende Pflanze zeigt sich in einem Kübel von ihrer besten Seite. In einem geschützten Garten übersteht sie auch den Winter. Sie ist eine Spielart von 'Abbé Farges'.

Carla Johnston
Pacey, Großbritannien, 1986

Einfach. Die Kelchröhre und die Kelchblätter sind grünlich-weiß mit einem Hauch von Rot. Die Krone ist von einem sehr blassen Lavendelblau, fast weiß. Die Blüten blicken nach außen oder leicht nach oben und erscheinen sehr üppig auf kräftigen, aufrechten Stängeln. Am besten wirkt die Sorte als Busch, kann aber mit Sorgfalt auch als hübscher Hochstamm gezogen werden.

Linke Seite, oben: 'Brookwood Belle'.

Linke Seite, unten: 'Brutus'.

Rechts: 'Carla Johnston'.

Unten: 'Caroline'.

Caroline
Miller, Großbritannien, 1967

Einfach. Diese schöne Sorte ist ein Sämling von 'Citation' und hat die weit geöffnete oder glockenförmige Krone ihrer Elternsorten geerbt. Die Kelchröhre und die Kelchblätter sind blassrosa, und die Krone ist von einem blassen, rötlichen Lila. Die großen, zahlreich erscheinenden Blüten sitzen auf aufrechten Stängeln. Da die Sorte sich schwer als Hochstämme kultivieren lässt, eignet sie sich am besten als Busch.

Cascade
Lagen, USA, 1937

Einfach. Die Kelchröhre und die langen, dünnen Kelchblätter sind rosa, die Krone ist tiefrot. Die Blüten erscheinen sehr zahlreich auf buschigen, aber weichen Stängeln. Diese Sorte eignet sich besonders gut für Hängeampeln oder als Hochstämmchen mit hängenden Trieben.

Celia Smedley
Roe, Großbritannien, 1970

Einfach. Diese Sorte ist außerordentlich wuchskräftig und entwickelt sich bereits im ersten Jahr zu einem sehr großen Busch. Die Blüten sind mittelgroß mit einer blassroten Kelchröhre und ebensolchen Kelchblättern sowie einer leuchtend roten Krone. Die Stängel sind sehr kräftig und aufrecht mit blassgrünen Laubblättern. Diese Sorte benötigt einen kräftigen Schnitt, wenn die Pflanze im Frühjahr umgetopft wird oder am Grund kahl und verholzt ist. Sie ist auch recht winterhart, so dass sie draußen an einem geschützten Platz die kalte Jahreszeit überleben kann.

Diese herausragende Sorte wurde nach der Tochter des Züchters George Roe benannt und ist eine der mehr als ein Dutzend Hybriden, die von ihm zwischen 1970 und 1984 gezüchtet wurden. Diese Pflanze stammt aus einer Kreuzung zwischen 'Joy Patmore' und 'Glitters'. Zu weiteren guten Sorten des Züchters zählen 'Micky Goult', 'Nellie Nuttall' und 'Lady Thumb' – alles mehrfache Preisträger.

Linke Seite: 'Celia Smedley'.

Oben: 'Checkerboard'.

Oben rechts: 'Chillerton Beauty'.

Checkerboard
Walker and Jones, USA, 1948

Einfach. Sie hat eine rote Kelchröhre und weiße Kelchblätter. Die Krone ist tiefrot. Die Wechsel der Farben sind abrupt und auffallend. Diese Sorte hat eine sehr kräftige und aufrechte Wuchsform. Ihre Blüten werden besonders zahlreich gebildet. Sehr kompakt ist die Pflanze nicht, so dass alle Teile auf einen Blick wahrzunehmen sind. Bei angemessener Sorgfalt kann sie zu einem schönen Busch oder einem schönen Hochstämmchen gezogen werden.

Chillerton Beauty
Bass, Großbritannien, 1847

Einfach. Die Kelchröhre wird auf der sonnenzugewandten Seite rosa, auf der schattigen Seite cremefarben. Die rosafarbenen Kelchblätter entfalten sich schalenförmig oder nur leicht nach außen gebogen. Die mittelgroßen bis großen Blüten tragen eine blaue Krone, die später zu einem purpurnen Rot verblasst. Die Wuchsform ist sehr kräftig und aufrecht, so dass diese Sorte im Garten gepflanzt werden kann, wo sie den Winter gut übersteht. Man kennt sie auch unter dem Namen 'Query'. Dazu kam es vermutlich, da jemand die korrekte Bezeichnung nicht kannte und auf das Schild »Query« (»Zweifel«) schrieb.

China Lantern
Züchter und Einführungsjahr unbekannt

Einfach. Die glänzende, tief rosafarbene Kelchröhre bildet einen schönen Kontrast zu den weißen Kelchblättern mit grünen Spitzen. Die Krone ist rosa mit einem weißen Fleck am Grund der Blütenblätter. Die Wuchsform ist nicht sehr kräftig, jedoch aufrecht. Die mittelgroßen Blüten erscheinen in großer Zahl. Als Topfpflanze zeigt sich diese Sorte von ihrer besten Seite, eignet sich aber auch für Hängekörbe und als Hochstämmchen.

Citation
Hodges, USA, 1953

Einfach. Die großen, zahlreichen Blüten haben eine rosafarbene Kelchröhre und ebensolche Kelchblätter sowie eine weiße Krone. Die Blütenblätter bauschen sich glockenförmig nach außen und bilden eine Becherform. Diese Sorte hat eine aufrechte und buschige Wuchsform. Da sie nicht zu den pflegeleichtesten Pflanzen zählt, zeigt sie sich »launisch«, wenn die Wachstumsbedingungen nicht ihren Bedürfnissen entsprechen. Am besten eignet sie sich als Busch; das Ziehen von Hochstämmen erweist sich als schwierig.

Cliff's Unique
Gadsby, Großbritannien, 1976

Gefüllt. Die weißen Kelchblätter sind rosa angehaucht, und die Krone ist blassblau. Die mittelgroßen Blüten erscheinen, auch an kleinen Pflanzen, außergewöhnlich zahlreich und sitzen ziemlich aufrecht. Der Wuchs ist kräftig und buschig. Diese Sorte eignet sich am besten als Busch, kann aber mit sehr viel Geduld zu einem kleinen Hochstämmchen gezogen werden.

'Citation' ist zwar sehr schön, kann aber ziemlich problematisch sein, wenn die Bedingungen nicht optimal sind, insbesondere im Winter.

Constellation
Schnabel, USA, 1957

Gefüllt. Die mittelgroßen bis großen Blüten sind weiß, haben aber die Neigung, sich rosa zu färben. Die Pflanze ist wuchskräftig und bringt zahlreiche Blüten hervor. Sie eignet sich als Busch, Hochstämmchen oder für die Säulenform. Das schwache Grün auf den Kelchblättern lässt die sehr attraktiven Blüten fast rein weiß erscheinen.

Coquet Dale
Ryle, Großbritannien, 1976

Gefüllt. Die Kelchröhre ist kurz und blassrosa. Auch die breiten, glockigen Kelchblätter sind blassrosa, und die Krone ist lila. Manche der mittelgroßen Blüten haben einige lilafarbene Petaloiden. Der Wuchs ist buschig, kräftig und aufrecht. Die Sorte lässt sich sehr gut als Busch oder Hochstämmchen ziehen.

Dancing Flame
Stubbs, USA, 1981

Gefüllt. Die Kelchröhre, die Kelchblätter und die Außenseite der Krone weisen Schattierungen von Orange auf, während der innere Bereich karminrot ist. Der Wuchs ist kräftig, und die Stängel wachsen eher nach außen als nach oben. Die Pflanze kann in einem Topf kultiviert werden, zeigt sich aber in einem Hängekorb oder als Hochstämmchen von ihrer besten Seite.

Danish Pastry
Fuchsia Forest, USA, 1968

Einfach. Die Sorte mit den großen Blüten eignet sich sehr gut für einen kleinen bis mittelgroßen Hängekorb. Die Kelchröhre ist rosa, und die Kelchblätter sind rosa mit grünen Spitzen. Die Farbe der Krone lässt sich schwer beschreiben, ist aber eine Mischung aus Lavendelblau und verschiedene Schattierungen von Lachsrot. Obwohl der lockere Wuchs sie zur idealen Ampelpflanze macht, kann die Sorte auch als Busch kultiviert werden.

'Dark Eyes' ist eine außergewöhnlich schöne Sorte, die 1961 mit dem Verdienstpreis der Amerikanischen Gesellschaft für Fuchsien ausgezeichnet wurde.

Dark Eyes
Erickson, USA, 1958

Gefüllt. Die Blüten dieser Sorte sind herrlich geformt und haben eine rote Kelchröhre und ebensolche Kelchblätter sowie eine tiefblaue Krone mit einem roten Fleck am Grund. Die Wuchsform ist verzweigt und etwas locker. Die Pflanze lässt sich am besten als Busch kultivieren.

Links: 'Dawn Star' gehört zu den besten Sorten, die in letzten Jahren eingeführt wurden. Zu ihren hervorragenden Eigenschaften zählen die leichte Pflege und die große Blühfreudigkeit.

Fuchsia denticulata

Eine außergewöhnlich schöne Art aus Peru und Bolivien. Einfach. Die lange Kelchröhre ist kirschrot, und die blassrosa Kelchblätter haben grüne Spitzen. Sie hat eine orange und rote Krone; zwischen den einzelnen Exemplaren kann es Schwankungen geben. Der Wuchs ist kräftig und buschig; die Laubblätter sind groß. Diese Art wird auch unter den Namen *F. serratifolia, F. grandiflora* und *F. tasconiiflora* aufgeführt. Am besten gedeiht sie in Töpfen oder im Garten unter Glas.

Devonshire Dumpling

Hilton, Großbritannien, 1981

Gefüllt. Die kurze Kelchröhre ist weiß, und die blassrosa Kelchblätter haben grüne Spitzen. Die rundliche Krone ist weiß, aber rosa angehaucht. In ihrem Wuchs ist die Sorte dicht, aufrecht, kräftig und verzweigt. Die großen Blüten erscheinen ungewöhnlich zahlreich. Sie zählt zu den besten Sorten, die je gezüchtet wurden. Die Pflanze lässt sich problemlos als Busch oder Hochstämmchen ziehen, und obwohl sie kurze Stängel hat, kann sie auch im Hängekorb kultiviert werden.

Dawn Star

Bellamy, Großbritannien, 1985

Gefüllt. Die Kelchröhre und die Kelchblätter sind rosa-rot, und die Krone ist blassblau. Die Blüten werden sehr groß. Obwohl die Pflanze versucht, aufrecht zu wachsen, biegt sie sich unter dem großen Gewicht der Blüten tief herab. Sie hat einen ziemlich buschigen Wuchs, doch sollte sie etwas geschnitten werden, um ein vollkommenes Aussehen zu erhalten. Sie lässt sich im Hängekorb oder als Hochstämmchen mit hängenden Trieben kultivieren.

Deep Purple

Garrett, 1989

Gefüllt. Die Kelchröhre und die Kelchblätter sind elfenbeinfarben, und die Krone ist, wie der Name schon sagt, von einem tiefen Purpur. Die sehr zahlreich gebildeten großen Blüten sitzen auf herabhängenden Stängeln. Eine hervorragende Sorte für Hängekörbe oder für ein Hochstämmchen mit hängenden Trieben.

Rechts: 'Deep Purple': Diese Sorte ist sehr attraktiv, und viele Züchter berichten, dass sie die Bestsellerlisten anführt.

Links 'Devonshire Dumpling'. Die vollkommene Fuchsie wird wohl nie gezüchtet werden, aber diese Sorte mit ihrer herrlichen Wuchsform und der ungeheuren Blühfreudigkeit kommt dem Ideal ganz nahe.

Rechts: 'Elise Mitchell' schlug bei ihrer Einführung nicht sofort ein, doch inzwischen werden ihre guten Eigenschaften mehr geschätzt.

Drama Girl
Lockerbie, Australien, 1975

Gefüllt. Die Kelchröhre und die Kelchblätter sind blassrosa; die Krone ist leuchtend blau und mit Rosa marmoriert. Die Sorte hat eine wuchskräftige Gestalt und ist buschig. Sie lässt sich einfach in Hängekörben ziehen und kann mit etwas Aufwand zu einem Hochstämmchen mit hängenden Trieben kultiviert werden.

Elise Mitchell
Ryle, Großbritannien, 1980

Gefüllt. Die mittelgroßen Blüten erscheinen an einer lockerwüchsigen, aber aufrechten Pflanze. Sie hat eine blassrosa Kelchröhre und ebensolche Kelchblätter. Die Krone ist rötlichlavendelblau mit einigen rosafarbenen Spritzern. Die Pflanze wächst buschig und benötigt nur wenig Sorgfalt, um den höchsten Ansprüchen zu genügen. Sie kann im Hängekorb oder als kleines Hochstämmchen gezogen werden.

Enchanted
Tiret, USA, 1951

Gefüllt. Eine Sorte von bester Qualität, die – außer als Busch – in den meisten Formen kultiviert werden kann. Die Kelchröhre und die Kelchblätter sind rot, die Krone ist tiefblau und mit Rosa überzogen. Sie hat lange und hängende Stängel.

Links: 'Estelle-Marie' gehört zu einer Gruppe von Hybriden, die aus 'Bon Accorde' hervorgegangen sind. Ihre Blüten stehen aufrecht oder sind nach außen gerichtet.

Estelle-Marie

Newton, USA, 1973

Einfach. Die Sorte hat eine kurze, grünlich-weiße Röhre. Die Kelchblätter sind weiß mit grüner Spitz. Die Krone ist mauve-violett mit Weiß am Grund eines jeden Blütenblatts. Die Blüten sitzen halb aufgerichtet auf kräftigen, dicken, aufrechten Stängeln. Höchstwahrscheinlich handelt es sich hier um einen Sämling von 'Bon Accorde', deren Blüten ebenfalls aufgerichtet sind. Die Sorte lässt sich am besten als Busch ziehen.

Flash

Hazard & Hazard, USA, um 1930

Einfach. Die kleinen Blüten besitzen eine rote Kelchröhre und eine magentarote Krone, die später zu Rot verblasst. Die Pflanze ist winterhart und wuchsfreudig, ihre Triebe kräftig, aufrecht und recht buschig. Die hervorstechendste Eigenschaft dieser Sorte ist ihre Farbe, denn einfarbig rote Blüten sind ungewöhnlich, besonders bei einer winterharten Sorte. Sie blüht recht üppig, beginnt aber damit erst ziemlich spät. Die Pflanze kann im Gewächshaus gezogen werden, fühlt sich jedoch im Freien wohler.

Flowerdream

Rijff, Niederlande, 1983

Gefüllt. Die kurze Röhre ist rosa, die Kelchblätter sind weiß mit einem rosafarbenen Tupfer auf der Oberseite, nah bei der Röhre. Die weiße Krone setzt sich aus zwei Lagen zusammen – eine dicht gefüllte Mitte und eine auffallende Außenreihe. Der Wuchs ist buschig und mäßig kräftig, aber die Blüten erscheinen besonders üppig. Die Pflanze kann als Busch oder in der Ampel gezogen werden.

Oben: *F. fulgens* ist eine große, aber sehr dekorative Pflanze, die am besten in großen Töpfen oder im Gewächshaus gedeiht.

Rechte Seite: 'Flash': Diese Sorte ist eine der besonders winterharten roten Hybriden; die Kelchröhre und die Kelchblätter sind jedoch etwas heller als die Krone.

Fuchsiade 88

De Graaff, Niederlande, 1988

Einfach. Die kleinen bis mittelgroßen Blüten haben eine dunkelrote Kelchröhre und ebensolche Kelchblätter sowie eine Krone in einem intensiven Rote-Bete-Ton. Wenn sich die Blüten öffnen, kann ihre Farbe nahezu schwarz sein. Sie sitzen recht zahlreich auf langen, festen Stielen. Diese ungewöhnliche Sorte erweist sich als besonders widerstandsfähig gegen Frost und blüht früh, wenn sie im Garten gepflanzt wird. Von dem gleichen Züchter stammen Sorten wie 'Haute Cuisine', 'Gerharda's Aubergine' und 'Mood Indigo', die ähnliche Blütenfarben aufweisen.

Fuchsia fulgens

Eine Art aus Mexiko mit verschiedenen Varietäten in Guatemala. Die blassrote Röhre ist lang, die Kelchblätter sind gelblich bis grün und am Grund rot. Die Krone ist leuchtend rot. Sie hat äußerst attraktive Blüten, die in Büscheln an den Enden der Zweige erscheinen. Die großen, behaarten Laubblätter können bis zu 23 cm lang werden. Die dicken Wurzeln bilden teilweise Knollen. Die Wildform ist ein kleiner Strauch, der bis zu 1,20 m hoch wird. Am besten gedeiht sie in großen Gefäßen oder in einer Rabatte im warmen Gewächshaus.

Glazioviana
Berry, USA

Einfach. Diese ungewöhnliche und entzückende Sorte fand Dr. Paul Berry von den Botanischen Gärten in Missouri in den 80er Jahren in den Wäldern um Nova Friburgo in Südamerika. Sie wuchs dort als natürlicher Strauch und kann in ihrem ursprünglichen Lebensraum bis zu 4 m hoch werden. Die einfachen Blüten besitzen eine tiefrosafarbene Kelchröhre und ebensolche Kelchblätter. Die Krone ist purpurfarben. Das kurzstielige Laub hat einen charakteristischen Glanz.

Golden Anniversary
Stubbs, USA, 1981

Gefüllt. Die auffallend großen Blüten besitzen eine rein weiße Kelchröhre und ebensolche Kelchblätter. Die tiefblaue Krone weist rosa Spritzer auf. Die Blüten erscheinen sehr zahlreich auf langen, herabhängenden Trieben. Dies ist eine weitere erstklassige, von Annabelle Stubbs kreierte Sorte. Am besten eignet sie sich für Hängekörbe oder als Hochstämmchen.

Garden News
Handley, Großbritannien, 1978

Gefüllt. Diese wirklich winterharte Fuchsie mit großen Blüten zählt zu einer auserlesenen Gruppe gefüllter, winterharter Sorten wie 'Prosperity' und 'Lena', blüht jedoch früher. Die kurze Kelchröhre und die Kelchblätter sind rosa, die Krone magentarot. Die hübschen Blüten werden früh gebildet und erscheinen bis zum Frost. Diese Sorte eignet sich als Topfpflanze.

Garden Week
Richardson, Australien, 1985

Gefüllt. Die Kelchröhre und die Kelchblätter sind blassrosa, während die Krone eine Mischung von Kirschrottönen und tiefem Orange zeigt. Der Wuchs ist sehr kräftig und aufrecht. Die Pflanze ist eigentlich nicht allzu blühfreudig, wenn aber die Blütenbildung durch das Entfernen einiger Knospen eingeschränkt wird, können die verbleibenden Blüten handgroß werden. Am besten eignet sich diese Sorte für Hängekörbe; sie kann auch als ein recht lockeres Hochstämmchen gezogen werden.

Oben: 'Garden News'. Die Sorte zählt zweifellos zu den besten gefüllten Sorten, die man dauerhaft im Garten einpflanzen kann. Sie wurde nach einer britischen Gartenzeitung benannt.

Rechts: Die in Südamerika entdeckte Sorte 'Glazioviana' ist eine höchst ungewöhnliche Fuchsie.

Hampshire Blue
D.W.H. Clark, Großbritannien, 1983

Einfach oder halb gefüllt. Die mittelgroßen Blüten besitzen eine weiße Kelchröhre sowie weiße Kelchblätter und eine blasse eisblaue Krone. Der Wuchs ist aufrecht und recht verzweigt. Sie wächst gewöhnlich als Busch, lässt sich aber auch als Hochstämmchen ziehen. Es handelt sich um eine Spielart von 'Carmel Blue'.

Hampshire Leonora
D.W.H. Clark, Großbritannien, 1991

Gefüllt. Diese Spielart der einfachen Sorte 'Leonora' hat ansonsten die gleichen Eigenschaften wie diese. Die mittelgroßen bis großen Blüten erscheinen sehr zahlreich auf kräftigen, reich verzweigten Stängeln. Die Kelchröhre ist cremeweiß, und die Kelchblätter sind rosa, cremefarben getönt und haben grüne Spitzen. Die blassrosa Krone hat einen großen, lila-rosafarbenen Fleck am Grund eines jeden Blütenblattes. Sie eignet sich hervorragend als Busch oder Hochstämmchen.

Oben: 'Hampshire Leonora'. Diese Sorte mit gefüllten Blüten wurde vom Autor gezüchtet. Sie ist eine Spielart der einfachblütigen 'Leonora' von Horace Tiret aus San Francisco (1964).

Links: 'Greenpeace' ist wegen ihrer grüngelben Blütenfarbe sehr ungewöhnlich. Die hohe Pflanze wuchert recht stark, was ein Grund für ihre mangelnde Beliebtheit sein könnte.

Greenpeace
De Graaff, Niederlande, 1981

Einfach. Die Kelchröhre und die Kelchblätter dieser großen, ungewöhnlichen Sorte sind grünlich-gelb. Die Krone hat einen etwas blasseren Ton der gleichen Farbe, sie ist beinahe weiß. Die Pflanze ist wuchskräftig, groß und recht buschig. Die Blüten erscheinen zahlreich. Die Sorte eignet sich am besten für große Töpfe oder für Rabatten im Gewächshaus. Lassen Sie sie natürlich wachsen, denn sie wird nicht gerne umhegt.

Hampshire Treasure
D. W. H. Clark, Großbritannien, 1983

Gefüllt. Die Kelchröhre und die Kelchblätter sind lachsrosa, die Krone ist orange und kirschrot. Sie blüht so üppig – sogar im Winter –, dass Stecklinge schwierig zu machen sind. Im Wuchs ist sie kräftig, hat aber herabhängende Triebe. Diese Sorte kann in einem Topf, im Hängekorb oder als kleines Hochstämmchen gezogen werden.

Happy Wedding Day
Richardson, Australien, 1985

Gefüllt. Die Blüten haben als Grundfarbe Weiß, sind aber schwach rosa getönt. Die besonders kräftigen Stängel werden meist sehr lang und biegen sich elegant herab. Am besten gedeiht diese Sorte in einem großen Gefäß oder Hängekorb. Die Blüten sind zwar recht groß, werden aber nicht sehr zahlreich gebildet.

Harry Gray
Dunnett, Großbritannien, 1981

Gefüllt. Die weißen Blüten sind mittelgroß und oft rosa angehaucht. Der Wuchs ist sehr dicht und buschig, fällt aber durch die Fülle der Blüten kaum auf. Kleinere Pflanzen können in Töpfen kultiviert werden, kommen aber in Hängekörben am besten zur Geltung, obwohl die Triebe eher locker als hängend sind.

Hawkshead
Travis, Großbritannien, 1962

Einfach. Die kleinen weißen Blüten haben einen schwachen grünlichen Farbton und neigen dazu, sich rosa zu verfärben. Diese Sorte ähnelt *F. magellanica var. molinae*, die eine ihrer Elternsorten ist; sie wächst aber buschiger und blüht üppiger. Sie mag es nicht, unter Glas kultiviert zu werden, und da sie glücklicherweise winterhart ist, eignet sie sich hervorragend als Gartenstrauch.

'Heidi Ann'. Diese Sorte und ihre Spielart 'White Heidi Ann' sind ausgezeichnete Topfpflanzen, eignen sich aber auch als kleine Gartensträucher.

Heidi Ann
Smith, Großbritannien, 1969

Gefüllt. Diese Sorte wächst sehr dicht und verzweigt. Sie benötigt kaum Schnitt und Pflege, um sich zu einem herrlichen Busch zu entwickeln. Die Kelchröhre und die Kelchblätter sind karminrot, die Krone ist lila. Die mittelgroßen Blüten erscheinen sehr zahlreich. 'Heidi Ann' ist winterhart und kann als niederwüchsiger Strauch im vorderen Bereich einer Rabatte gepflanzt werden.

Hidcote Beauty
Webb, Großbritannien, 1949

Einfach. Es gibt so viele Sorten, die die gleiche oder eine ähnliche Farbe haben, dass die Züchter immer auf der Suche nach anderen Farben sind. Die Kelchröhre und die Kelchblätter sind cremeweiß, und die Krone leuchtet in einem prächtigen Lachsrosa. Der tatsächliche Farbton lässt sich unmöglich beschreiben. Um diese Farbe zu würdigen, muss man sie gesehen haben. Die besonders großen Laubblätter sind von einem sanften Grün und wirken etwas frostig. Da die Triebe anmutig herabhängen, kann sie als lockerer Busch, im Hängekorb oder als Hochstämmchen kultiviert werden. Sie ist wuchskräftig genug, um auch in Säulenform gezogen zu werden.

Hobson's Choice
Hobson, Großbritannien, 1976

Gefüllt. Der Wuchs ist sehr buschig, und die aufrechten Stängel sind kräftig genug, um das Gewicht der großen Blüten zu tragen. Die Kelchröhre und die Kelchblätter sind tiefrosa, und die Krone ist von einem blassen Puderrosa. Sie zählt zu den besten Sorten, die rot und rosa blühen. Diese Sorte eignet sich hervorragend als Busch oder Hochstämmchen.

Hula Girl

Paskesen, USA, 1972

Gefüllt. Diese Sorte ähnelt 'Swingtime', hat aber größere Blüten und längere Stängel. Die riesigen Blüten haben eine rote Kelchröhre und ebensolche Kelchblätter; die Krone ist creme-weiß. In Anbetracht ihrer Größe erscheinen die Blüten überaus zahlreich. Dies ist eine ausgezeichnete Fuchsie für große Hängekörbe oder als Hochstämmchen mit hängenden Trieben.

Jeane

(Syn. Genie, Genii)
Reiter, USA, 1951

Einfach. Die üppigen Blüten sind kirschrot und tiefviolett, werden aber von dem herrlichen zitronengelben Laub in den Schatten gestellt. Diese Sorte ist besonders winterhart und eignet sich deshalb sehr gut als Gartenstrauch oder für eine niedrige Hecke, wo die intensive Blattfarbe ihrer Blätter besonders gut zur Geltung kommt. Der Wuchs ist dicht buschig und aufrecht. An einem vollsonnigen Standort zeigt sie sich von ihrer besten Seite.

Rechts: 'Jeane'. Das leuchtend zitronengelbe Laub ist eines der Charakteristika dieser besonders winterharten Sorte.

Unten: 'Hula Girl' ist eine der besten Sorten für einen großen Hängekorb oder als Hochstämmchen mit hängenden Trieben.

Jennie Rachel

Cheetham, Großbritannien, 1979

Gefüllt. Die Kelchröhre ist weiß, die weißen Kelchblätter sind leicht rosa angehaucht und haben grüne Spitzen. Die rosarote Krone hat Petaloiden in einem ähnlichen Farbton. Die kräftigen, aufrechten Stängel tragen sehr große Blüten. Die Laubblätter sind ebenfalls sehr groß und können bis zu 13 cm lang werden.

Kegworth Carnival

Smith, Großbritannien, 1978

Einfach. Die Kelchröhre und die Kelchblätter der mittelgroßen Blüten sind von einem glitzernden Eisblau, während die Krone einen glühenden Kirschrotton aufweist. Der Wuchs ist buschig, jedoch nicht sehr kräftig, so dass diese Sorte am besten in einem mittelgroßen Hängekorb oder als Hochstämmchen wirkt. Sie ähnelt der Sorte 'Duchess of Albany' mit gefüllten Blüten.

Knockout

Stubbs, USA, 1981

Gefüllt. Die Kelchröhre und die Kelchblätter sind von einem blassen Lachsrosa. Die Krone ist tieforange und purpurn gestreift. Sie hat kräftige aufrechte Stängel, die sich unter dem Gewicht der Blüten jedoch herabbiegen. Diese Sorte verträgt keine Hitze und neigt dazu, im Hochsommer ihre Blätter abzuwerfen.

Koralle

Bonstedt, Deutschland, 1905

Einfach. Es handelt sich um einen weiteren Vertreter der Triphylla-Gruppe – so genannt, da die Sorten von *F. triphylla*, von der sie abstammen, ähneln. Die langen, spitz zulaufenden Blüten sind lachsorange. Die großen Laubblätter haben einen bronze-grünen Farbton und sitzen auf langen Stielen.

La Campanella

Blackwell, Großbritannien, 1968

Halb gefüllt. Die Kelchröhre und die Kelchblätter sind weiß, die Krone ist purpurrot und verblasst später zu Lavendelblau. Die mittelgroßen Blüten erscheinen sehr zahlreich. Die Sorte hat einen niedrigen und buschigen Wuchs, so dass sie kaum Aufwand benötigt; durch einen gelegentlichen Schnitt kann sie jedoch an Wirkung gewinnen. Der Wuchs ist nicht sehr kräftig. Die Pflanze kann im Topf gezogen werden, kommt aber am besten in einem Hängekorb zur Geltung. Diese Hybride ist ein weiteres gutes Exemplar, das zufällig entdeckt wurde und nicht aus einer beabsichtigten Kreuzung stammt.

Lady Isobel Barnett

Gadsby, Großbritannien, 1968

Einfach. Die Kelchröhre und die Kelchblätter sind rot. Die Blütenblätter haben einen breiten, blassmauvefarbenen Rand mit einem großen, fast weißen Fleck in der Mitte. Die mittelgroßen Blüten erscheinen sehr zahlreich und schauen nach außen, aber nicht ganz nach oben. Diese dicke und kräftige Sorte lässt sich am besten als Busch ziehen.

Linke Seite: Der wunderbare Kontrast zwischen der eisblauen Kelchröhre sowie den Kelchblättern und der tiefkirschroten Krone macht die wahre Schönheit von 'Kegworth Carnival' aus.

Rechts: 'La Campanella' ist eine der besten Pflanzen für Hängekörbe. Obwohl sie buschig wächst, benötigt sie gleich am Anfang einen zusätzlichen Schnitt.

Lady Thumb

Roe, Großbritannien, 1966

Halb gefüllt. Sie ist eine Spielart von 'Tom Thumb'. Die Blüten besitzen eine weiße Krone mit roter Äderung, sonst gleicht sie ihrer Elternsorte. Siehe 'Tom Thumb'.

Laura

Züchter und Einführungsjahr unbekannt

Einfach. Die Kelchröhre und die Kelchblätter sind blassorange, die Krone ist dunkelorange. Die mittelgroßen Blüten werden sehr zahlreich gebildet und zieren eine buschige, aufrechte Pflanze. Besonders eignet sie sich als Busch oder Hochstämmchen. Mindestens drei unterschiedliche Sorten erhielten den Namen 'Laura': von Youell, Großbritannien, 1846; Niederholzer, USA, 1946; Martin, USA, 1968.

Lena

Bunney, Großbritannien, 1862

Halb gefüllt oder gefüllt. Neben Sorten wie 'Marinka' und 'Cascade' zählt sie zu den klassischen Pflanzen für einen Hängekorb. Die Kelchröhre und die Kelchblätter sind weiß oder blassrosa. Die blau-purpurne Krone hat rosafarbene Spritzer. Im Wuchs ist sie buschig und hängend, und die Blüten erscheinen in üppiger Fülle. 'Lena' ist völlig winterhart (sie verträgt auch Trockenheit) und gedeiht im Garten zu einer niedrigen, ausladenden Hecke. Unter den winterharten Fuchsien hat sie mit die größten Blüten. 'Eva Boerg' scheint der neue Name dieser wunderschönen alten Sorte zu sein.

'Marcus Graham'. Seit diese Fuchsie in einer Sendung des britischen Fernsehens gezeigt wurde, zählt sie zu den beliebtesten Sorten in Großbritannien.

Leverhulme
Rehnelt, Deutschland, 1928

Einfach. Es handelt sich um eine Triphylla-Hybride, deren Blüten etwas üppiger und kürzer sind als gewöhnlich. Auch die hellroten Blüten erscheinen in kleineren Büscheln als sonst. Die Laubblätter sind kleiner und haben anstelle der eher typischen roten eine grüne Unterseite. Der Wuchs ist aufrecht. Diese Sorte ist eine farbenfrohe Topfpflanze und ist auch unter dem Namen 'Leverkusen' zu finden.

Linda Goulding
Goulding, Großbritannien, 1981

Einfach. Die mittelgroßen Blüten sind weiß mit einem Hauch von Rosa auf der Unterseite der Kelchblätter. Die Gestalt ist kräftig und buschig; die Stängel wachsen kräftig und aufrecht. Die Blüten erscheinen in großer Fülle und stehen nach außen anstatt herabzuhängen. Diese Sorte lässt sich gut als Busch oder kleines Hochstämmchen ziehen.

Lord Lonsdale
Züchter und Einführungsjahr unbekannt

Einfach. Diese Sorte trägt große Laubblätter, die sich am Rand kräuseln. Wenn die Pflanze jung ist, tritt dieses Phänomen stärker auf: Die Blätter rollen und verdrehen sich, so dass sie aussehen, als hätten sie eine Krankheit. Dieses Kräuseln lässt nach, wenn die Pflanze älter wird und das Wachstum sich verlangsamt. Die Kelchröhre und die Kelchblätter sind blassorange, und die Krone hat eine herrliche Mandarinenfarbe. Die prächtigen Blüten werden sehr zahlreich gebildet. Die Stängel benötigen anfangs häufiges Schneiden, damit die Pflanze sich buschiger entwickelt. Der Wuchs ist kräftig und aufrecht, so dass sich diese Sorte am besten als Busch eignet.

Eine Hybride mit ähnlicher Farbe ist 'Claire de Lune'. Ihre Blätter sind viel größer als die von 'Lord Lonsdale' und kräuseln sich nicht. Die Blütenfülle ist jedoch nicht so groß. 'Aurora Superba' mit hellorangefarbenen Blüten ist eine weitere schöne Pflanze, die mit 'Lord Lonsdale' verwechselt werden könnte.

Louise Emershaw
Tiret, USA, 1972

Gefüllt. Die schmale Kelchröhre und die langen Kelchblätter sind weiß. Die Krone hat, wenn sie sich gerade öffnet, eine rhodaminrot-purpurne Farbe, wird aber bald kirschrot. Der Wuchs ist buschig und herabhängend mit zahlreichen Blüten. Am besten eignet sich diese Sorte für Hängekörbe oder als Hochstämmchen mit hängenden Trieben.

Fuchsia magellanica 'Aurea'

Eine Sorte aus Argentinien und Chile. Einfach. Sie ist winterhart und trägt wunderschönes gold-gelbes Laub. Die kleinen roten und purpurnen Blüten, die im Spätsommer und Herbst erscheinen, sind ein Vorzug dieser Sorte. Die wuchskräftige Pflanze eignet sich als winterharter Gartenstrauch oder als Hecke.

Fuchsia magellanica macrostemma 'Versicolor'

Eine weitere Sorte dieser südamerikanischen Fuchsienart. Einfach. Das Laub ist silber-grün, mit Rot angehaucht. Die kleinen, üppig erscheinenden Blüten sind gewöhnlich rot und purpurn, aber es kommen auch rote und mauvefarbene Formen vor. Diese Sorte ist besonders winterhart und eignet sich gut als Hecke oder als einzelner Strauch.

Malibu Mist
Stubbs, USA, 1985

Gefüllt. Die großen Blüten besitzen eine bläulich-violette Krone, die in der Mitte weiß ist. Die kurze Kelchröhre und die Kelchblätter sind weiß, aber rosa getönt. Die Krone verändert ihre Farbe deutlich, wenn die Blüte älter wird, und verblasst zu Purpur. Der kräftige Wuchs ist recht locker. Die Sorte eignet sich gut für Hängekörbe oder als Busch.

Mancunian
Goulding, Großbritannien, 1985

Gefüllt. Die Kelchröhre ist rosa, die Kelchblätter sind weiß, aber rosa angehaucht. Auch die große Krone ist weiß, jedoch blassrosa überzogen und rosa geädert. Der Wuchs ist kräftig und herabhängend. In Hängekörben oder als Hochstämmchen sieht diese Sorte prächtig aus.

Oben: 'Margaret Brown' ist eine prächtige Gartenpflanze, die man als Einzelstrauch oder als Hecke kultivieren kann.

Links: 'Margaret Tebbit'. Die zarten Pastelltöne sind die hervorstechende Eigenschaft dieser Sorte. Ihre Blüten sehen vor dunkelgrünem Hintergrund besonders attraktiv aus.

Marcus Graham
Stubbs, USA, 1985

Gefüllt. Eine sehr schöne Sorte mit großen Blüten, einer weißen Kelchröhre und ebensolchen Kelchblättern, die rosa getönt sein können. Die Pflanze wächst buschig und aufrecht. Diese Sorte kann als Busch oder Hochstämmchen gezogen werden.

Margaret
Wood, Großbritannien, um 1940

Halb gefüllt. Die Kelchröhre und die Kelchblätter sind scharlachrot. Die Krone ist violett und am Grund der Blütenblätter heller. Zahlreiche mittelgroße Blüten zieren die buschige Pflanze. Diese Sorte ist sehr wuchsfreudig und winterhart. Sie kann bis zu 125 cm hoch werden und eignet sich für eine Zierhecke.

Margaret Brown
Wood, Großbritannien, 1949

Einfach. Die Pflanze ist sehr wuchsfreudig und bringt eine Fülle von kleinen Blüten hervor, die eigentlich einen einheitlichen Farbton, nämlich blassrosa, aufweisen. Die besonders winterharte Pflanze sollte am besten im Garten gepflanzt werden, da sie viel Platz benötigt, um sich zu ihrer vollen Größe zu entwickeln. Sie kann auch als eine dichte, niedrige Hecke bis zu einer Höhe von etwa 90 cm gezogen werden.

Margaret Tebbit
Dyos, 1992

Gefüllt. Die Kelchröhre ist grünlich-weiß, und die blassrosa Kelchblätter biegen sich nach außen. Die Krone ist weiß. Der Wuchs ist locker, aber die Pflanze kann als Busch gezogen werden. Auch im Hängekorb sieht sie sehr hübsch aus.

Margaret Roe

Gadsby, Großbritannien, 1968

Einfach. Die mittelgroßen Blüten erscheinen sehr zahlreich und stehen nach außen oder gerade. Die Kelchröhre sowie die Kelchblätter sind rot, die Krone ist violett-purpur. Diese Sorte mit ihrem aufrechten und buschigen Wuchs ist eine schöne Sommerpflanze für den Garten.

Marilyn Olsen

Wilkinson, Großbritannien, 1987

Einfach. Die Pflanze ist klein, aufrecht und außergewöhnlich buschig. Ihre Blüten besitzen eine rosafarbene Kelchröhre und ebensolche Kelchblätter sowie eine weiße Krone. Zwar sind die Blüten klein, dafür erscheinen sie aber sehr zahlreich. Diese herausragende Ausstellungssorte kann auch als Ziergewächs gepflanzt werden.

Oben: 'Marilyn Olsen'. Diese Sorte zählt zu den Fuchsien mit bester Ausstellungsqualität, die in letzten Jahren gezüchtet wurden. Die Blüten sind klein, erscheinen jedoch in großer Fülle.

Rechts: 'Marin Glow'. Ihre Krone scheint zu leuchten und macht so ihrem Namen alle Ehre. Sie zieht stets die Blicke auf sich.

Oben: 'Marinka'. Obwohl sie fast vor 100 Jahren gezüchtet wurde, zählt sie zu den am häufigsten kultivierten Fuchsien für Hängekörbe. Der einzige Nachteil dieser Sorte ist, dass sie ihre Blüten an den Enden der längsten Stängel bildet, so dass sie oben ziemlich kahl wirken kann.

Marin Glow

Reedstrom, USA, 1954

Einfach. Die Kelchröhre und die Kelchblätter sind weiß. Die mittelgroße Krone ist von einem irisierenden Purpurrot, verändert aber beim Verblühen etwas die Farbe. Der Wuchs ist kräftig, aufrecht und buschig. Sie kann als Busch und als Hochstamm gezogen werden.

Marinka

Rozain-Boucharlat, Frankreich, 1902

Einfach. Die Kelchröhre und die Kelchblätter sind rot, die Krone ist von einem dunkleren Ton. Die mittelgroßen Blüten erscheinen besonders zahlreich. Die wuchsfreudige Sorte ist herabhängend und hat dunkelgrüne Blätter. Sie zählt allgemein zu den klassischen Pflanzen für einen Hängekorb, wenn auch manche sie etwas zu dunkel finden. Ihre panaschierte Spielart 'Golden Marinka' hat hellgrüne und gelbe Blätter. Obwohl diese Sorte ein helleres Aussehen als ihre Elternsorte hat, wächst sie viel langsamer als diese und blüht später. Wie viele panaschierte Fuchsien ist sie etwas empfindlicher und muss in einem warmen Glashaus überwintert werden. Für Hängekörbe ist sie sehr zu empfehlen.

Mary

Bonstedt, Deutschland, 1894

Einfach. Diese schöne Sorte gehört zur Triphylla-Gruppe und soll aus einer Kreuzung zwischen *F. triphylla* und *F. corymbiflora* stammen. Die etwa 7,5 cm langen Blüten sind einfarbig scharlachrot und erscheinen in Büscheln. Die großen dunkelgrünen Laubblätter haben eine purpurrote Unterseite. Am besten gedeiht diese Pflanze im Topf oder im Gewächshaus.

Mayblossom

Pacey, Großbritannien, 1984

Gefüllt. Die Pflanze ist niederwüchsig und buschig; da die Stängel dünn sind, hängen sie herab. Die üppigen kleinen Blüten haben eine rosafarbene Kelchröhre, ebensolche Kelchblätter und eine weiße Krone. Diese Sorte eignet sich gut für kleine Gefäße oder Hängekörbe.

Micky Goult

Roe, Großbritannien, 1981

Einfach. Die weiße Kelchröhre ist kurz; die Kelchblätter sind ebenfalls weiß, jedoch unterseits blassrosa gefärbt. Die kleinen Blüten haben malven-purpurfarbene Kronen und sitzen halb aufgerichtet. Die zahlreichen Blüten erscheinen in Büscheln und zieren eine aufrechte, buschige und kompakte Pflanze. In Buschform eignet sie sich sehr gut für Ausstellungen.

Links: 'Mieke Meursing'. Diese ausgezeichnete Sorte eignet sich sowohl als Zierpflanze als auch für Ausstellungen. Bei einigen Züchtern, die nicht auf Fuchsien spezialisiert sind, ist sie unter dem Namen 'Pink Spangles' erhältlich.

Rechte Seite: 'Mary' besitzt die charakteristischen langen Blüten der Triphylla-Gruppe, zu der sie gehört. Sie sollte in einem großen Gefäß oder im Gewächshaus kultiviert werden.

Fuchsia microphylla

Eine Art aus Mexiko. Sie ist ein Vertreter der Untergruppe *encliandra* der Gattung *Fuchsia*. Die winzigen Blüten werden etwa 6 mm lang. Die Laubblätter sind dunkelgrün, etwa 13 mm lang und verleihen der Pflanze ein farnähnliches Aussehen. Die Röhre und die Kelchblätter sind rot, die Krone ist rosa. Diese Art ist sehr wuchsfreudig und kann in einem Topf gezogen oder dauerhaft im Garten eingepflanzt werden – benötigt dann aber einen geschützten Standort.

Mieke Meursing

Hopwood, Großbritannien, 1968

Einfach oder halb gefüllt. Diese hübsche Sorte – ursprünglich 'Mrs Mieke Meursing' nach der Präsidentin der niederländischen Gesellschaft für Fuchsien benannt – wurde zufällig als Sämling unter einer anderen Pflanze entdeckt. Die mittelgroßen Blüten, die in verschwenderischer Fülle erscheinen, besitzen rote Röhren und ebensolche Kelchblätter sowie rosafarbene Kronen. Der Wuchs ist nicht ganz aufrecht und außergewöhnlich buschig und niedrig. Mit etwas gärtnerischer Hilfe kann diese Sorte leicht zu einem Exemplar von Ausstellungsqualität gezogen werden. Sie wird auch unter dem Namen 'Pink Spangles' verkauft.

Minirose

De Graaff, Niederlande, 1983

Einfach. Die Kelchröhre und die Kelchblätter sind von einem sehr blassen Rosa, während die Krone tiefrosa ist. Die kleinen Blüten erscheinen sehr zahlreich auf aufrechten, buschigen Stängeln. Am besten eignet sich diese Sorte für Topfkulturen, kann aber auch als Hochstämmchen gezogen werden.

Miss California

Hodges, USA, 1950

Halb gefüllt. Die Röhre und die Kelchblätter sind rosa, die Krone ist weiß mit einem Hauch von Rosa. Die mittelgroßen Blüten sehen elegant aus und werden in großer Zahl gebildet. Die Pflanze wächst zunächst ziemlich langsam, erweist sich aber langfristig als sehr dankbar. Gewöhnlich entwickelt sie sich aufrecht und lässt sich leicht ziehen. Die Sorte ist reich verzweigt mit halb herabhängenden Trieben. Sie muss vor direkter Sonneneinstrahlung geschützt werden, da die Laubblätter leicht verbrennen.

Moonraker
Clitheroe, Großbritannien, 1979

Gefüllt. Die Röhre und die Kelchblätter sind weiß mit einem Hauch von Rosa. Die Kelchblätter haben weiße Spitzen. Die Krone ist blassblau mit gleichfarbigen Petaloiden. Die langen Blüten erscheinen sehr zahlreich an einer kräftigen, aufrechten, buschigen Pflanze. Sie kann als Busch oder Hochstämmchen kultiviert werden.

Morning Light
Waltz, USA, 1960

Gefüllt. Die Röhre und der Grund der Kelchblätter sind rot, der Rest der Kelchblätter ist weiß. Die große lavendelblaue Krone hat rosa Spritzer. Die Laubblätter sind zitronengelb, werden aber bei Überdüngung blassgrün. Der Wuchs zeigt sich reich verzweigt mit halb herabhängenden Trieben. Diese herrliche Sorte kann an der Sonne sehr leicht verbrennen und sollte daher am besten in schattiger Lage wachsen. Sie kann als Busch, Hochstamm oder Ampelpflanze gezogen werden.

Mr A Huggett
Züchter und Einführungsjahr unbekannt

Einfach. Die kurze Kelchröhre und die Kelchblätter sind rot, die Krone ist mauve-rosa. Die kleinen bis mittelgroßen Blüten erscheinen in großer Fülle auf niedrigen, kurzstieligen Trieben. Diese hervorragende Topfpflanze von Ausstellungsqualität ist besonders winterhart. Für den vorderen Bereich einer Rabatte eignet sie sich als schöner Strauch.

Mrs Popple
Elliott, Großbritannien, 1899

Einfach. Diese Sorte mit mittelgroßen Blüten zählt zu den Fuchsien, die besonders winterhart sind. Die Laubblätter sind dunkelgrün, die Stängel robust und buschig. Die Blüten besitzen eine rote Röhre und ebensolche Kelchblätter. Die Krone ist von einem sehr dunklem Purpurrot. Mrs Popple ist immer eine der ersten Fuchsien, die Blüten hervorbringen, die dann bis zum ersten Frost unermüdlich erscheinen. Diese Sorte eignet sich auch gut für Heckenpflanzungen.

'Mrs Popple'. Diese alte Sorte gehört zu den besten, die man dauerhaft im Garten, und zwar als Einzelstrauch oder als Hecke pflanzen kann.

Neapolitan
D. Clark, Großbritannien, 1984

Einfach. Die Blüten sind, obwohl für einen Vertreter der Untergruppe *encliandra* recht groß, sehr klein. Sie erscheinen gleichzeitig in drei verschiedenen Farben: Rot, Rosa und Weiß. Dies dürfte auf die instabile genetische Zusammensetzung der Pflanze zurückzuführen sein. Die Sorte mit ihrem kräftigen und ausladenden Wuchs eignet sich für Topfkulturen, kann aber auch zu Hochstämmchen, an Mini-Spalieren o. ä. gezogen werden. Lesen Sie auch unter *F. microphylla* nach.

Nicki's Findling
Ermel, Deutschland, 1985

Einfach. Die Kelchröhre und die Kelchblätter sind in Orangetönen, die Krone ist leuchtend orange. Die mittelgroßen Blüten schauen nach außen und etwas nach oben. Die Wuchsform ist aufrecht, buschig und niedrig. Diese schöne Sorte kann als Busch oder Hochstämmchen kultiviert werden.

Oben: Die in üppiger Fülle erscheinenden Blüten von 'Orange Drops' haben leuchtend orangefarbene Kronen. Die Sorte zählt zu den besten Fuchsien für Hochstämmchen und Hängekörbe in dieser Farbgruppe.

Links: 'Pacquesa'. Charakteristikum dieser Sorte sind die mittelgroßen leuchtenden Blüten, die auf kräftigen, aufrechten Trieben sitzen.

Orange Drops
Martin, USA, 1967

Einfach. Eine Sorte in vollendetem Orange wurde zwar bislang noch nicht gezüchtet, doch diese ist besser als alle anderen in dieser Farbe. Die mittelgroßen Blüten, die sehr zahlreich gebildet werden, haben eine orangefarbene Kelchröhre und ebensolche Kelchblätter sowie eine Krone in leuchtendem Orange. Die Pflanze ist recht verzweigt, benötigt aber häufiges Schneiden, damit sie in Form bleibt. Sie kann als Busch, in Hängekörben oder als Hochstämmchen kultiviert werden. Wie die meisten Fuchsien in diesem Farbton ist sie etwas empfindlicher als gewöhnlich. 'Coachman' ist eine ähnliche Sorte, die für Hängekörbe in Betracht kommt.

Pacquesa
Clyne, Großbritannien, 1974

Einfach. Die mittelgroßen bis großen Blüten haben eine rote Röhre und ebensolche Kelchblätter sowie eine weiße Krone mit roter Äderung. Die Blüten erscheinen sehr zahlreich an festen, aufrechten Stängeln. Der Wuchs ist kräftig und reich verzweigt, aber die Pflanze benötigt einen häufigen Rückschnitt. Als einzelner Busch wirkt sie am besten.

Fuchsia paniculata

Diese Art kann man von Südmexiko bis nach Panama antreffen. Sie lässt sich schwer von *F. arborescens* unterscheiden. Der Unterschied liegt darin, dass die Blütenrispen offener sind als die von *F. arborescens*. Die Laubblätter sind groß und haben die Form eines Lorbeerblatts.

Peachey

Stubbs, USA, 1992

Gefüllt. Die Blüten sind sehr groß und auffallend. Die Röhre und die Kelchblätter sind weiß, die Krone ist pfirsichfarben und orange-rosa. Neben 'Marcus Graham' und 'Applause' ist dies eine weitere herausragende Sorte von Annabelle Stubbs aus den USA.

Peppermint Stick

Walker and Jones, USA, 1950

Gefüllt. Diese Hybride ist wahrscheinlich die beste unter den vielseitigen Fuchsiensorten. 'Peppermint Stick' lässt sich gut als Busch, in Säulenform, als Pyramide oder als Hochstamm in jeder Größe kultivieren. Auch in großen Hängekörben kommt sie gut zur Geltung, bildet aber keine langen herabhängenden Triebe. Diese Sorte ist pflegeleicht. Die üppigen großen Blüten haben eine rote Kelchröhre und ebensolche Kelchblätter. Die dichte, purpurne Krone ist deutlich rosa gestreift.

Pinch Me

Tiret, USA, 1969

Gefüllt. Die Triebe sind fest, biegen sich aber während der Blühperiode herab. Die mittelgroßen bis großen Blüten besitzen eine weiße Kelchröhre und ebensolche Kelchblätter sowie eine blaue Krone. Ein gelegentlicher Schnitt genügt, um einen herrlichen Hängekorb zu gestalten. Diese Sorte ist recht sonnenempfindlich und kann bei direkter Sonneneinstrahlung leicht verbrennen.

Pink Fantasia

Webb, Großbritannien, 1989

Einfach. Die mittelgroßen Blüten besitzen eine rosafarbene Röhre, Kelchblätter in der gleichen Farbe sowie eine purpurne Krone. Die aufrechte, buschige Pflanze wächst sehr schnell. Etwas nachschneiden genügt, und schon hat sie Ausstellerqualität. 'Rose Fantasia' ist eine ähnliche Spielart, hat aber eine rosa-mauvefarbene Krone.

Oben: *Fuchsia paniculata* ist so ungewöhnlich, dass viele nicht erkennen, dass es sich hier um eine Fuchsie handelt.

Rechts: 'Peppermint Stick' ist eine Fuchsie, die sich leicht kultivieren und in beinahe jede Form bringen lässt.

Rechte Seite, unten: 'Pink Fantasia'. Diese Sorte und ihre Spielart 'Rose Fantasia' blühen besonders üppig und lassen sich außerordentlich leicht als Busch kultivieren.

Pink Galore

Fuchsia-La-Pflanzenschulen, USA, 1958

Gefüllt. Diese Sorte bringt eine Fülle von großen einfarbigen Blüten in Rosa hervor. Die herabhängenden Triebe werden sehr lang und sollten regelmäßig geschnitten werden, damit die Pflanze sich buschig entwickeln kann. Die Blüten erscheinen nur an den äußersten Enden der Zweige. Sie eignet sich für Hängekörbe oder als Hochstämmchen.

Pink Marshmallow

Stubbs, USA, 1971

Gefüllt. Die riesigen weißen Blüten erscheinen sehr zahlreich an den langen herabhängenden Stängeln. Diese Sorte eignet sich hervorragend für einen Hängekorb, benötigt aber ein überdurchschnittlich großes Gefäß, um sich zu voller Größe entfalten zu können. Die Laubblätter sind blassgrün und vertragen Sonne, aber die Blüten bekommen in diesem Fall einen Rosaton. Junge Pflanzen sind manchmal ein enttäuschender Anblick, wenn sie wie Spaghetti mit Blättern aussehen! Dies hat jedoch keinen Einfluss auf die spätere Schönheit dieser Sorte.

Oben: Unter den winterharten Sorten bringt 'Piper' die größten Blüten hervor. Ungewöhnlich für eine winterharte Fuchsie ist auch die fast weiße Blütenfarbe.

Oben rechts: 'Pink Marshmallow' kommt mit ihren riesigen Blüten im Hängekorb am besten zur Geltung.

Pinto

Walker and Jones, USA, 1956

Gefüllt. Die großen Blüten erscheinen sehr zahlreich an herabhängenden Trieben. Die Röhre und die Kelchblätter sind hellrot, die Krone ist weiß mit dunkelrosafarbenen Spritzern. Diese Sorte ist ein wahrer Blickfang und eignet sich für Hängekörbe oder als Hochstämmchen mit hängenden Zweigen.

Piper

Howarth, Großbritannien, 1985

Gefüllt. Die großen Blüten sind weiß mit einem Hauch von Rosa. Die Pflanze ist wuchsfreudig und aufrecht. Der Züchter hat diese Sorte mehrere Jahre lang in offenen Gärten erprobt. Falls die Langzeitversuche ihre Winterhärte bestätigen sollten, wird sie bei weitem die größte weißblühende winterharte Fuchsie sein, die erhältlich ist. Hier handelt es sich um eine Kreuzung zwischen 'White Ensign' und 'White Spider'.

Links: 'Preston Guild'. Diese auffällige, winterharte Pflanze bringt Blüten hervor, die von einem leuchtenden Blau zu Kirschrot verblassen.

President Margaret Slater
Taylor, Großbritannien, 1972

Einfach. Die Kelchröhre ist weiß und lang, die verdrehten Kelchblätter sind weiß, aber rosa angehaucht und haben grüne Spitzen. Die Krone ist mauve-rosa mit einem Hauch von Lachsrosa. Die mittelgroßen Blüten erscheinen sehr zahlreich und zieren eine buschige, herabhängende Pflanze. Sie eignet sich sehr gut als Ampelpflanze oder auch als Hochstamm und ist bei Ausstellern ausgesprochen beliebt.

Preston Guild
Thornley, Großbritannien, 1971

Einfach. Die lange Röhre und die Kelchblätter sind glänzend weiß. Die Krone ist, wenn sie sich gerade öffnet, von einem tiefen Himmelblau, verblasst aber zu Kirschrot. Die älteren und die jungen Blüten zeigen so unterschiedliche Farben, dass man glaubt, die Pflanze hätte zwei verschiedene Blütenformen. Der Wuchs ist kräftig und aufrecht. Die recht winterharte Pflanze wächst in Regionen mit mildem Klima zu einem großen Busch.

Fuchsia procumbens

Ursprünglich stammt diese Art aus Neuseeland. Sie trägt ungewöhnliche, winzige Blüten ohne Krone. Die Kelchröhre ist gelb, die Kelchblätter sind grün und purpurrot, die Staubgefäße rot-orange und die Staubbeutel mit leuchtend blauen Pollen bedeckt. Den aufrechten Blüten folgen große pflaumenfarbene Früchte. Die Pflanze hat lange, dünne, herabhängende Triebe, die über den Boden kriechen. Im Garten ist sie bedingt hart und benötigt gute Drainage. Am besten kommt sie im Steingarten zur Geltung. Sie braucht viel Sonne, sonst wuchert sie und bringt weniger Blüten hervor.

Prosperity
Gadsby, Großbritannien, 1970

Gefüllt. Diese Sorte hat zwei Vorzüge: Sie ist recht winterhart und trägt große, gefüllte Blüten. Nur wenige Fuchsien wie 'Garden News' und 'Lena' besitzen ähnliche Eigenschaften. Die Kelchröhre und die Kelchblätter sind rot und glänzend; die Krone ist weiß mit deutlicher roter Äderung. Die Triebe sind dick, kräftig und aufrecht. Obwohl die Pflanze im Garten sehr gut gedeiht, kann sie auch im Gefäß kultiviert werden.

Quasar
Walker, USA, 1974

Gefüllt. Die großen Blüten werden zahlreich gebildet und sitzen auf lockeren Trieben. 'Quasar' kann zwar auch als Topfpflanze kultiviert werden, kommt aber im Hängekorb am besten zur Geltung. Die Röhre und die Kelchblätter sind weiß, die Krone ist blassblau. Eine ähnliche Sorte ist 'Stanley Cash', deren Blütenkronen jedoch von einem tieferen Blau sind.

Queen of Derby
Gadsby, Großbritannien, 1975

Gefüllt. Die Kelchröhre und die Kelchblätter sind rot, die Krone ist tiefblau mit rosafarbenen Streifen. Die Laubblätter zeigen ein tiefes Grün und bedecken kräftige, aufrechte Triebe. Die Pflanze eignet sich gut für Töpfe, kann aber auch, da sie relativ winterhart ist, an einem geschützten Ort im Garten gezogen werden.

R.A.F.
Garson, USA, 1942

Gefüllt. In Anbetracht ihrer Größe erscheinen die Blüten sehr zahlreich. Die Röhre und die Kelchblätter sind rot, die Krone ist von einem dunklen Rosa. Die lockerwüchsige Pflanze kann im Topf, im Hängekorb oder als Hochstamm gezogen werden. Ähnliche Blüten besitzt die Sorte 'Fascination', diese ist jedoch schwer kultivierbar.

Rose of Castile Improved
Banks, Großbritannien, 1869

Einfach. Die Sorte ähnelt nicht der 'Rose of Castile', und bedeutet auch keine Verbesserung, sieht man von der Winterhärte ab. Die Röhre und die Kelchblätter sind schwach rot, die Krone ist bläulich-purpurn. Die Blüten sind größer als die der 'Rose of Castile', aber weniger zahlreich. Am besten gedeiht sie im Garten, kann aber auch als Busch in Töpfen kultiviert werden.

Rose of Denmark
Banks, Großbritannien, 1864

Einfach. Die mittelgroßen Blüten sind fast einfarbig mittelrosa. Die zahlreichen kräftigen Stängel sind buschig und biegen sich anmutig herab. Die Blüten erscheinen in großer Fülle. 'Rose of Denmark' ist eine der Sorten, die sich einfach als Ampelpflanze ziehen lassen, eignet sich aber auch als Hochstamm.

Royal Velvet
Waltz, USA, 1962

Gefüllt. Diese Sorte lässt sich sehr gut als Topfpflanze oder Hochstämmchen kultivieren. Die großen Blüten haben die klassische Form mit roter Kelchröhre und ebensolchen Kelchblättern sowie eine Krone in Purpurrot. Der Wuchs ist sehr kräftig und halb aufrecht.

Riccartonii
Young, Großbritannien, 1830

Einfach. Die Kelchröhre und die Kelchblätter sind leuchtend rot, die Krone ist tief purpurrot. Die mittelgroßen Blüten werden zahlreich gebildet. Der Wuchs ist kräftig und aufrecht. Die besonders winterharte Pflanze kann man in vielen gemäßigten Regionen antreffen. Sie eignet sich gut für Heckenpflanzungen, da sie eine Höhe bis 1,4 m erreichen kann. Gewächshäuser mag sie überhaupt nicht; und bei der geringsten Hitze oder Trockenheit wirft sie ihr Laub ab.

Rose of Castile
Banks, Großbritannien, 1855

Einfach. Diese alte Sorte wird aus gutem Grund immer noch kultiviert. Sie bringt zahlreiche mittelgroße Blüten hervor, die eine pflegeleichte, buschige Pflanze mit aufrechten Trieben zieren. Die Röhre und die Kelchblätter sind weiß, während die purpurblaue Krone einen weißen Fleck am Grund der Blütenblätter zeigt. Sie eignet sich gut für Gefäße oder als Hochstämmchen. An einem geschützten Ort im Garten kann die Pflanze die kalte Jahreszeit überstehen.

Oben: 'R.A.F.' Diese Sorte – sie erhielt ihren Namen im Zweiten Weltkrieg – ist eine wunderschöne Ampelpflanze. Von dem gleichen Züchter stammt auch die Hybride 'Winston Churchill' (1942).

Rechts: 'Royal Velvet'. Wenn Sie eine Fuchsie mit sehr großen roten und purpurnen Blüten wollen, dann ist diese die richtige.

Roy Walker
Walker, USA, 1975

Gefüllt. Die mittelgroßen, ziemlich runden Blüten sind nahezu ganz weiß, weisen aber einen Hauch von Rosa auf. Die zahlreichen Blüten zieren eine besonders kompakte und niederwüchsige Pflanze, die, wenn sie noch klein ist, keine Stütze benötigt. Die Blüte erfolgt relativ spät, nachdem die meisten Sorten schon geblüht haben. Am besten lässt sie sich als Busch in einem Topf ziehen und sollte in einem warmen Gewächshaus überwintert werden.

Rufus
Nelson, USA, 1952

Einfach. Die Blüten sind fast einfarbig hellrot. Diese sehr starkwüchsige Sorte benötigt regelmäßigen Schnitt. Sie wächst zu einem großen Busch heran und lässt sich ganz schnell zu einem stattlichen Hochstämmchen ziehen. Man kann den winterharten Strauch auch im Garten pflanzen, aber nur an einer gut geschützten Stelle. Die Sorte ist auch unter dem unkorrekten Namen 'Rufus the Red' erhältlich.

Linke Seite: 'Silver Breckland' ist eine schöne Spielart, die erstmals von meiner Ehefrau, Jill Clark, 1992 entdeckt wurde. Sie wuchs an einer Pflanze der Sorte 'Breckland' und kam 1995 auf den Markt.

Links: 'Santa Cruz'. Die meisten winterharten Fuchsien haben kleine Blüten, so dass die mittelgroßen, leuchtend roten Blüten dieser Sorte im Garten für Aufsehen sorgen.

Ruth King
Tiret, USA, 1967

Gefüllt. Die kurze Kelchröhre und die Kelchblätter sind rot, die dichte Krone ist in Lila, Rosa und Weiß gestreift. Die Blüten sind groß und sitzen auf langen, herabhängenden Trieben. Die Pflanze kann als Busch, Hochstämmchen oder Ampelpflanze gezogen werden.

Santa Cruz
Tiret, USA, 1947

Gefüllt. Die mittelgroßen Blüten sind wirklich einfarbig dunkelkarminrot. Der Wuchs ist sehr kräftig und aufrecht. Diese Sorte eignet sich hervorragend als Gartenstrauch, kann aber auch im Gefäß kultiviert werden, wenn sie als junge Pflanze regelmäßig geschnitten wird.

Seventh Heaven
Stubbs, USA, 1981

Gefüllt. Die auffallend großen Blüten haben eine weiße Kelchröhre und ebensolche Kelchblätter sowie eine rote Krone mit Spuren von Orange. Der Wuchs ist sehr kräftig und fest. Obwohl anfangs aufrecht, beugt sich die Pflanze später herab. Eine sehr schöne und außergewöhnliche Sorte, doch die Blüten könnten etwas zahlreicher erscheinen. Am besten wird sie in einem großen Topf, als Hochstämmchen oder im Hängekorb gezogen.

Sharpitor
National Trust, Großbritannien, 1974

Einfach. Ein besonders winterharter Strauch, der Topfkultivierung im Gewächshaus gar nicht mag. Die Sorte sollte ausgepflanzt werden, sobald ein mindestens 10 cm großer Topf voller Wurzeln ist. Die kleinen Laubblätter sind blassgrün und gelb. Die ebenfalls kleinen, nicht besonders zahlreichen Blüten zeigen eine blassrosa Farbe. Der Wuchs ist kräftig, und die Pflanze wird sehr buschig. Wegen ihrer ungewöhnlichen Laubfarbe ist sie ein Blickfang im Garten.

Silver Breckland
D.W.H. Clark, Großbritannien, 1955

Einfach. Eine Spielart von 'Breckland'. Die recht kurze Kelchröhre ist weiß, und die rosafarbenen Kelchblätter werden zum Grund der Röhre hin heller. Die Krone leuchtet in einem silbrigen Blau und öffnet sich weit, wird aber nicht ganz schalenförmig. Das dunkelgrüne Laub bedeckt eine buschige, starkwüchsige Pflanze. Sie kommt am besten als Busch zur Geltung.

Links: 'Space Shuttle'. Die wunderschönen Blüten werden besonders geschätzt, weil die Krone von einem dunklen Creme-Gelb ist.

Unten rechts: 'Sparky' mit ihren typischen Farben ist eine Fuchsie, die man kaum übersehen kann.

Snowfire
Stubbs, USA, 1978

Gefüllt. Die Blüten sind groß und haben Weiß als Grundfarbe, die Krone jedoch zeigt deutliche rosa Streifen. Die kräftigen Triebe biegen sich herab. Ein früher Rückschnitt bringt die Gestalt in eine prächtige Form. Die Pflanze eignet sich für Gefäße, Hängekörbe und als Hochstamm.

Sophisticated Lady
Martin, USA, 1964

Gefüllt. Die Form der Knospen ist länglich und spitz zulaufend. Die Blüten haben eine blass rosafarbene Kelchröhre und ebensolche Kelchblätter sowie eine creme-weiße Krone. Ein Schnitt bekommt der Pflanze sehr gut, die herabhängende Triebe in großen Mengen hervorbringt. Die unglaublich blühfreudige Sorte eignet sich hervorragend für Hängeampeln oder als Hochstämmchen mit hängenden Trieben. Versuchen Sie nicht, sie als klassisches Hochstämmchen zu kultivieren, denn die Pflanzenstängel sind dazu nicht fest genug.

South Gate
Walker and Jones, USA, 1951

Gefüllt. Diese einfach zu kultivierende Sorte trägt große Blüten in einem blassen Rosaton; die Kelchblätter haben grüne Spitzen. Die Triebe sind kräftig, hängen aber herab, so dass die Pflanze im Topf oder im Hängekorb gezogen werden kann. Sie lässt sich auch gut als Hochstamm ziehen.

Space Shuttle
De Graaff, Niederlande, 1981

Einfach. Die zahlreichen langen Blüten haben eine rote Röhre, während die Kelchblätter grün mit rotem Grund sind. Die Krone ist am Grund ebenfalls rot und geht in Gelb über. Die sehr großen Laubblätter sind schwach behaart und verströmen einen unangenehmen Duft. Diese Hybride benötigt eine Stützhilfe. Sie wächst sehr üppig und zeigt sich in einem großen Gefäß oder in einem Gewächshausbeet von ihrer besten Seite.

Sparky
Webb, Großbritannien, 1994

Einfach. Eine ungewöhnliche Fuchsie der Triphylla-Gruppe. Ihre Blüten sind ganz in Purpur, sitzen halb aufrecht und stehen von den Stängeln weg. Das Laub ist dunkelbronze gefärbt. 'Sparky' wächst langsam. Diese nicht winterharte Fuchsie wird am besten in großen Gefäßen gezogen.

Links: 'Stella Ann' gehört zur Triphylla-Gruppe und trägt Blüten in Lachsorange.

Unten: 'String of Pearls' erhielt ihren Namen, da ihre Blüten sich entlang der Triebe wie Perlen aufreihen.

Squadron Leader

Goulding, Großbritannien, 1986

Gefüllt. Die erlesenen Blüten sind mittelgroß und weiß, zeigen aber auf der Krone einen Hauch von Blassrosa. Die lockerwüchsige Pflanze ist recht verzweigt und kann die üppige Blütenpracht gut tragen. Sie sieht in einem Hängekorb sehr hübsch aus.

Stanley Cash

Pennisi, USA, 1970

Gefüllt. Die besonders großen Blüten haben eine weiße Kelchröhre und ebenfalls weiße Kelchblätter mit einer tiefblauen Krone. Die sehr dekorative und reich blühende Pflanze wächst zunächst aufrecht, neigt sich aber unter dem Gewicht der Blüten herab. Siehe 'Quasar'.

Stella Ann

Baker-Dunnett, Großbritannien, 1974

Einfach. Diese Vertreterin der Triphylla-Gruppe bringt zahlreiche Blüten in verschiedenen Lachsorangetönen hervor. Die breiten Laubblätter sind dunkelbronze-grün mit roter Unterseite. Der Wuchs ist kräftig, aufrecht und buschig.

String of Pearls

Pacey, Großbritannien, 1976

Einfach bis halb gefüllt. Die Röhre und die Kelchblätter sind ganz blassrosa, die Krone ist von einem blassen Lavendelblau. Die mittelgroßen Blüten an den lang herabhängenden Trieben sitzen zur Spitze hin in einer Reihe. Da die attraktive Pflanze ursprünglich nicht buschig wächst, muss sie geschnitten werden, aber die Mühe lohnt sich allemal. Sie lässt sich als Hochstämmchen oder Busch ziehen.

Sugar Almond
Hobson, Großbritannien, 1978

Gefüllt. Die mittelgroßen Blüten erscheinen in zartestem Rosa. Der Wuchs ist buschig, fest und aufrecht. Diese Sorte kann sehr gut in die Mitte einer Urne oder einer Ampel mit verschiedenen Pflanzen eingesetzt werden, wo ihre aufrechte Form gut zur Geltung kommt.

Swingtime
Tiret, USA, 1950

Gefüllt. Die Blüten sind groß bis sehr groß. Die Kelchröhre und die Kelchblätter sind leuchtend rot, die dichte und breite Krone ist weiß mit einigen roten Äderchen. Die wuchsfreudige Pflanze hat kräftige Triebe, die sich unter dem großen Gewicht der Blüten anmutig herabneigen. Sie eignet sich hervorragend für Hängekörbe und als Hochstämmchen.

Linke Seite: 'Thalia' ist die am häufigsten kultivierte Sorte aus der Triphylla-Gruppe. Obwohl sie empfindlicher als die meisten Fuchsien ist, gedeiht sie im Sommer sehr gut im Freien.

Oben: 'Swingtime' ist eine außergewöhnliche Sorte, die in einem Hängekorb oder als Hochstämmchen Perfektion erreicht.

Taffeta Bow
Stubbs, USA, 1974

Gefüllt. Eine weitere gute Sorte von Annabelle Stubbs. Die ungewöhnlich großen Blüten sind länger als breit und besitzen dunkelrosafarbene Kelchblätter, die sich wie ein Bogen formen. Die Krone ist purpur-violett. Die Pflanzenstängel sind sehr kräftig und hängend. Diese Sorte kann im Hängekorb oder als Hochstämmchen mit hängenden Trieben gezogen werden.

Tennessee Waltz
Walker and Jones, USA, 1951

Gefüllt. Die Kelchröhre und die Kelchblätter sind rosa, die Krone ist lavendelblau mit rosa Spritzern. Die großen Blüten erscheinen zahlreich an aufrechten und buschigen Trieben. Die winterharte Sorte wurde für diese Eigenschaft mehrfach von der britischen Royal Horticultural Society ausgezeichnet. Sie eignet sich hervorragend als Topf- oder Ampelpflanze, aber auch als Hochstämmchen.

Texas Longhorn
Fuchsia-La Pflanzschulen, USA, 1960

Halb gefüllt. Diese Sorte erlangte große Berühmtheit, da sie in dem Ruf steht, die Fuchsie mit den längsten Blüten zu sein. In der Tat sind die roten Kelchblätter sehr lang und können insgesamt bis zu 23 cm erreichen. Die weiße Krone hingegen ist ziemlich klein. Die Blüten haben keine feste Konsistenz und werden etwas spärlich gebildet. Der Wuchs ist hängend und lässt sich nicht in Form bringen. Zwar lohnt ihre Erwähnung, nicht so aber ihre Kultivierung. Diese Sorte ist wohl nur noch bei Züchtern erhältlich.

Thalia
Bonstedt, Deutschland, 1905

Sie ist wahrscheinlich der beliebteste Vertreter der Triphylla-Gruppe. Die langen, spitz zulaufenden roten Blüten sitzen an den Enden der Trieben. Der Wuchs ist kräftig und aufrecht. Die großen Laubblätter sind dunkelgrün mit roter Unterseite. 'Thalia ähnelt der Sorte 'Gartenmeister' vom gleichen Züchter, die sich nur dadurch unterscheidet, dass ihre Krone etwas knolliger ist.

Links: 'Thorville and Dean'. Diese schöne Sorte wurde nach einem berühmten britischen Eistanzpaar benannt, das Olympisches Gold gewann.

The Aristocrat
Waltz, USA, 1953

Gefüllt. Die lange Kelchröhre ist creme-weiß, die Kelchblätter sind weiß mit rosa Spitzen, und die weiße Krone hat eine rosa Äderung. Die äußeren Blütenblätter sind ebenfalls blassrosa getönt. Besonders die großen gefüllten Blüten ziehen die Blicke auf sich und erscheinen sehr zahlreich auf aufrechten und buschigen Pflanzenstängeln.

Tom Thumb
Baudinat, Frankreich, 1850

Einfach oder halb gefüllt. Die Röhre und die Kelchblätter sind karminrot, die Krone ist purpurrot. Zwar sind die Blüten klein, sie erscheinen aber in großer Fülle. Der Wuchs ist aufrecht und außerordentlich buschig. Im Gewächshaus kann die Pflanze in kleinen Gefäßen kultiviert werden und benötigt anfangs einen oder zwei Schnitte. Sie ist besonders winterhart und bildet niedrige, dichte Pflanzenhügel. Diese Sorte eignet sich sehr gut für Steingärten. Ihre Spielarten 'Lady Thumb' und 'Son of Thumb' haben weiße bzw. lavendelfarbene Kronen.

Es scheint, dass die letztere Sorte unter dem Namen 'Mrs Ida Noach' 1911 von dem französischen Züchter Lemoine eingeführt wurde.

Tom West
Meillez, Frankreich, 1853

Einfach. Die kleinen roten und purpurnen Blüten erscheinen sehr spät. Die Pflanze wird eigentlich nur wegen ihres rot angehauchten, grün und cremefarbenen Laubes kultiviert. Der Wuchs ist locker, so dass sie in einem Topf oder Hängekorb gezogen werden kann. Sie ist mäßig winterhart, aber es lohnt sich, diese Sorte an einer geschützten Stelle im Garten zu pflanzen.

Rechts: 'Waldfee' hat winzige Blüten, die typisch für ihre Gattung sind. Sie sind zwar klein, werden aber sehr zahlreich gebildet.

Torville and Dean
Pacey, Großbritannien, 1985

Gefüllt. Die großen Blüten haben eine rosafarbene Kelchröhre und ebensolche Kelchblätter sowie eine weiße Krone mit einem zarten Hauch von Rosa. Am besten lässt sie sich als Busch ziehen. Die Blüten ähneln denen von 'Cotton Candy'.

Trail Blazer
Reiter, USA, 1951

Gefüllt. Die zahlreichen großen Blüten haben eine lange Krone und zeigen einen Kirschrotton. Diese Sorte eignet sich sehr gut als Ampelpflanze oder als Hochstämmchen mit hängenden Trieben.

Waveney Gem

Burns, Großbritannien, 1985

Einfach. Dieses Schmuckstück ist eine herrliche Ausstellungssorte. Die Blüten sind klein bis mittelgroß und haben eine weiße Kelchröhre und ebenfalls weiße Kelchblätter sowie eine rosafarbene Krone mit einem Hauch von Lavendelblau. Die buschig wachsende Pflanze ist lockerwüchsig, so dass sie sich eher seitlich als nach oben ausbreitet. Sie kann in Töpfen kultiviert werden, zeigt sich aber in einem Hängekorb von ihrer besten Seite; sie lässt sich sogar als Hochstämmchen ziehen.

Waveney Waltz

Burns, Großbritannien, 1982

Einfach. Die üppigen mittelgroßen Blüten zieren eine aufrechte, buschige Pflanze, die 'Flirtation Waltz' ähnelt, welche von den gleichen Elternsorten abstammt. Die Röhre und die Kelchblätter sind blassrosa, die Krone ist weiß. Sie eignet sich sehr gut als Busch oder als Hochstämmchen.

Venus Victrix

Gulliver, Großbritannien, 1840

Einfach. Dieser zufällig entstandene Sämling ist die erste registrierte Sorte mit einer weißen Kelchröhre, und man nimmt an, dass diese Pflanze der Vorfahre aller Hybriden mit einer weißen Röhre ist. Die Blüten sind klein, besitzen aber sehr dekorative leuchtend blaue Kronen. Der Wuchs ist ziemlich schwach und wuchernd. Diese Sorte ist eigentlich eher interessant als wirklich gut zu kultivieren.

Waldfee

Travis, Großbritannien, 1973

Einfach. Diese Sorte ist ein typischer Vertreter der Untergruppe *encliandra* der Gattung *Fuchsia*. Die winzigen Blüten sind etwa 1 cm lang und zart lila-rosa. Der Wuchs ist kräftig und aufrecht. Diese Sorte ist winterhart, außer in sehr kalten Regionen. Sie kann als Busch, als kleines Hochstämmchen und sogar als Bonsai kultiviert werden.

Oben: 'Waveney Waltz'. Die rosa und weißen Blüten zählen zu den herausragendsten Eigenschaften dieser herrlichen Sorte.

Rechts: 'Waveney Gem'. Das dichte dunkelgrüne Laub bildet den perfekten Hintergrund für die Blüten.

Empfohlene Arten und Sorten

Die folgende Auflistung erhebt keinen Anspruch auf Vollständigkeit. Es handelt sich hier um eine Auswahl aus den hier beschriebenen Arten und Sorten, deren Kultivierung besonders einfach ist. Die Fuchsien, die zur Erziehung von Hochstämmchen empfohlen werden, können auch in Säulen-, Fächer-, Spalier- und Pyramidenform gezogen werden.

Literatur, Adressen, Glossar und Register

Literatur und Adressen

Literatur

American Fucshia Society Staff. *Checklist of Fuchsias Registered*, American Fuchsia Society, 1973ff.

American Fucshia Society Staff. *Fuchsias Judging School Manual & A.F.S. Rules*, American Fuchsia Society, 1986

Bartlett, George. *The Complete Guide*, Crowood Gardening Press, 1994

Boullemier, L.B. *The Checklist of Species, Hybrids and Cultivars of the Genus Fuchsia*, Blandford Press, 1985

Boullemier, Leo. *A Plantsman's Guide to Fuchsias*, Ward Lock, 1989

Clark, D.W.H. *The Hardy Fuchsia Guide*, Oakleigh Publications, 1990

Clark, D.W.H. *The Fuchsia Guide*, Oakleigh Publications, 1992

Clark, Jill R. *Fuchsias*, Century Hutchinson, 1988

Ewart, R. *Fuchsia Lexicon*, 2nd. revised edition, Cassell, 1987

Goulding, Edwin. *Fuchsias, The Complete Guide*, Batsford, 1995

Hiller, Hartmut: *Fuchsien für Haus, Hof und Garten*, Neumann Verlag, 1992

Kuhlmann, Gerd / Weer, Helmut: *Fuchsien und Mehr. Aufzucht, Pflege, Überwinterung* (Videokassette), Video-Team Rudolf Dembach, 1995

Manthey, Gerda: *Schöne Fuchsien*, Ulmer Verlag, 1991

Nijhuis, Miep. *1000 Fuchsias*, Batsford, 1996

Nijhuis, Miep. *500 More Fuchsias*, Batsford, 1996

Nijhuis, Miep. *Fuchsienatlas*, Ulmer Verlag, 1994

Saunders, E. *Wagtail's Book of Fuchsias*, Wagtail's Publications Vol. 1–5 1987

Fuchsien-Gesellschaften

Deutschland

Deutsche Dahlien-, Fuchsien und Gladiolen Gesellschaft
Drachenfelsstraße 9A
53177 Bonn

Deutsche Fuchsien Gesellschaft
Pankratiusstraße 10
31180 Gießen

Österreich

Österreichische Gartenbau-Gesellschaft,
Sektion V – Fuchsienfreunde
A-8250 Vorau 368

Schweiz

Schweizerischer Fuchsienverein
Gruebweg 163
CH-4451 Wintersingen

Niederlande

Nederlandse Kring Van Fuchsiavrienden
Gratamastraat 28
NL-3067 SE Rotterdam

Großbritannien

The British Fuchsia Society
15 Summerfield Lane, Summerfield
Kiderminster DY11 7SA
U.K.

USA

American Fuchsia Society
9th Avenue & Lincoln Way
San Francisco, California 94122

Glossar

Art (Spezies):
Einheit der botanischen und zoologischen Systematik. Die Angehörigen einer Art bilden eine natürliche Fortpflanzungsgemeinschaft und unterscheiden sich durch gemeinsame erbliche Merkmale von anderen Arten.

Beere:
Die fleischige Frucht der Fuchsien, die nach dem Verblühen der Blüte heranreift.

Blattachsel:
Ansatzstelle des Blattes am Spross, an der sich neue Triebe bilden

Entspitzen (Pinzieren):
Abschneiden oder Ausknipsen von Triebspitzen, um eine Verzweigung anzuregen

Fruchtknoten:
An der Spitze des Blütenbodens befindlicher Teil des weiblichen Geschlechtsorgans, der die Samenanlagen einschließt

Gattung (Genus):
Einheit der botanischen oder zoologischen Systematik. Sie umfasst miteinander nah verwandte Arten.

Griffel:
Die stielartige Verlängerung des Fruchtknotens, der in eine Narbe ausläuft

Hybride:
Botanisch eine Pflanze, die durch Kreuzung zweier Arten oder Unterarten entstanden ist. Im Bereich Garten wird der Begriff als Synonym für Sorte verwendet.

Internodium:
Der Abstand zwischen zwei Blattknoten

Kelchblätter (Sepalen):
Hüllblätter, die die Blütenknospe umgeben; sie öffnen sich und geben die Krone frei.

Kelchröhre (Tubus):
Der schmale Bereich des Blütenkelchs einer Fuchsie von unterschiedlicher Länge, die den Fruchtknoten mit den Kelchblättern verbindet

Knoten (Nodium):
Verdickte Ansatzstelle der Blätter am Hauptspross, einschließlich der Blattachseln

Krone (Corolla):
Der Teil der Blüte, der sich aus den Blütenblättern zusammensetzt

Narbe (Stigma):
Die vergrößerte Spitze des Griffels, die das Pollenkorn empfängt

Petaloid:
Bei Fuchsien bezieht sich dieser Begriff auf die kleinen, kurzen Blütenblätter, die bei manchen Blüten an der Basis der Krone vorkommen, aber auch auf die Kelchblätter und Staubblätter, die zuweilen Formen annehmen, die Blütenblättern ähneln.

Sektion:
Unterabteilung einer Gattung in der Systematik

Sorte (Cultivar):
Die Bezeichnung für eine Pflanze, die vorsätzlich gezüchtet und nicht natürlich wachsend gefunden wurde

Spielart (Sport):
Ein Nachkomme einer Kulturpflanze, der sich durch eine plötzlich auftretende Abweichung im Erbgut von der Mutterpflanze unterscheidet

Staubbeutel (Pollensack; Anthere):
Der köpfchenförmige Teil der Staubblätter der Blüte, der den Pollen trägt

Staubblätter (Stamina):
Die männlichen Geschlechtsorgane einer Blüte. Sie bestehen aus einem Staubfaden (Filament), der die Staubbeutel (Antheren) trägt.

Staubfaden (Filament):
Teil der Staubblätter, der die Verbindung zu einem Staubbeutel bildet

Stempel (Pistill):
Bezeichnung für das weibliche Geschlechtsorgan in seiner Gesamtheit (Fruchtknoten, Griffel und Narbe)

Varietät:
Geringfügige Unterscheidung der Ausprägung einzelner Merkmale innerhalb einer Art, die kaum von Bedeutung ist und die Einführung einer neuen Art nicht rechtfertigt

Vegetationsperiode:
Jahreszeit, in der sich Pflanzen weiter entwickeln

Vegetationsruhe:
Die jahreszeitlich bedingte Ruhepause der Pflanzen, die durch Rückgang der Temperaturen und durch Trockenheit eintritt

Winterhart:
Unter den klimatischen Bedingungen in Deutschland ist darunter zu verstehen, dass nur die unterirdischen Pflanzenteile den Winter überdauern, die oberirdischen Teile erfrieren und absterben. Im Frühjahr treiben aus dem Wurzelstock neue Triebe aus.

Register

Kursiv gesetzte Seitenzahlen weisen auf Abbildungen hin.

DANKSAGUNG

Der Lizenzgeber möchte David Clark von Oakleigh Nurseries und Carol Gubler von Little Brook Nurseries dafür danken, daß sie ihre Fuchsien für Fotografien zur Verfügung gestellt haben.

Design: Sara Philpot

FOTOGRAFIEN:

David Clark 66, 67, 97 o., 114 u.;

Hunt Institute for Botanical Documentation, Carnegie Mellon University, Pittsburgh, PA, USA 14 l.;

Image Select 14 r., /Ann Ronan Picture Library 13;

Oxford Scientific Films / J.A. L. Cooke 72;

Reed International Books Ltd. /Peter Myers endpapers, 1, 2 /3, 4 /5, 6 /7, 9, 10 /11, 11 , 15 , 16 , 17 , 17 , 18 /19, 19, 21, 23, 25, 28, 29 u., 29 o., 30 , 32 o., 32 u., 34 u., 34 o., 36, 37, 38, 39, 40, 41, 42 /3, 45 u., 46, 47, 48, 52, 53 o. m., 53 o., 53 u. m., 53 u., 54 /5, 56 u. l., 56 o., 56 u. r., 57, 58 l., 59, 60 l., 60 r., 61, 63, 64, 68 /69, 69, 70, 71, 74 /5, 76, 77, 78 o., 78 u., 79 u., 79, 80 u., 80 o., 81 l., 81 r., 82, 83 l, 83 r., 84 l., 84 r., 85, 86 l., 86 r., 87 l., 87 r., 88 r., 88 l., 89, 92, 93 u., 93 o., 94, 95, 96, 97 u., 98 o., 98 u., 99, 100, 101, 102, 103 u., 103 o., 104 o., 104 u., 105 u., 105 o. l., 105 o. r., 106, 107 o., 107 u., 108, 109, 110 o., 110 u., 111 o., 111 u., 112, 113, 114 l., 115 u., 115 o., 116 o., 116 u., 117 o., 117 u., 118 /119, 119;

Science Photo Library /Dr Jeremy Burgess 73;

Simply Controls 44 l., 44 /5